Victoria Jungfrau

Manfred Roth

Küche der Emotionen

Mit Fotos von Michael Wissing

AT Verlag

© 2005
AT Verlag, Baden und München
Fotos: Michael Wissing
Fotoassistenz: Joss Andres
Lithos: AZ Print, Aarau
Druck und Bindearbeiten: AZ Druck und Datentechnik, Kempten
Printed in Germany

ISBN 3-03800-240-2

www.at-verlag.ch

Inhaltsverzeichnis

Ein Grand-Hotel voller Emotionen

Von Claus Schweitzer

1865 hatte der Schweizer Hotelpionier Eduard Ruchti die visionäre Idee, das Berner Oberland nicht nur für seine landschaftliche Schönheit anzupreisen, sondern ein Luxushotel zu erschaffen, das Emotionen weckt und jedem Gast die Freiheit lässt, das tun zu können, worauf er gerade Lust hat. 140 Jahre später kann man im «Grand Hotel Victoria-Jungfrau» eindrucksvoll erleben, mit welcher Konsequenz und Leidenschaft das inspirierte Werk dieses Mannes ständig weiterentwickelt wird.

Damals wie heute stehen den Gästen alle Möglichkeiten offen: Wer die unvergleichliche Bergwelt und Seenlandschaft am Fuss der Jungfrauregion geniessen will, trifft in unmittelbarer Umgebung auf breitgefächerte Naturattraktionen. Will man hingegen in der Hotelanlage bleiben, erfreut das «Victoria- Jungfrau» mit fast unbegrenzten Möglichkeiten und verschiedenen Stimmungswelten unter einem Dach. Luxus wird hier als Freiraum definiert, der dem Gast die Grosszügigkeit des Wählens bietet und ihn dazu einlädt, sich den eigenen Ferien-Raum selbst zu erfinden. Wer es gerne mondän, elegant und theatralisch mag, findet im «Victoria-Jungfrau» seine Traumwelt ebenso wie jene Gäste, die eine Atmosphäre der Leichtigkeit und Ruhe suchen.

In guten Händen

Man muss sich gar nicht erst daran gewöhnen, hier zu sein. Von Anfang an ist es so, als hätte das «Victoria-Jungfrau»-Team geradezu auf einen gewartet, um aus einem nie versiegenden Füllhorn von Verwöhnung zu schöpfen und es den Gast teilwerden zu lassen. Die Mitarbeiter strahlen eine ungekünstelte Freundlichkeit aus, agieren mit spontaner Zuvorkommenheit und sorgen für die Erfüllung möglichst jedes Spezialwunsches. Schon bei der Reservation oder beim ersten Gespräch an der Rezeption spürt man: Hier stimmt der Ton. Die Stärke des 270-köpfigen Teams ist nicht nur seine Kompetenz, es ist vor allem das Wir-Gefühl, gemeinsam das «Victoria-Jungfrau» zu schaffen.

Der «Victoria-Jungfrau-Bazillus», den Emanuel und Rosmarie Berger seit drei Jahrzehnten mit grosser Sensibilität für die Bedürfnisse ihrer Gäste und Mitarbeiter kultivieren, hat viel dazu beigetragen, dass das Hotel in seiner gastgeberischen Wärme so unverwechselbar ist. Bei allen Superlativen, die das Haus zu bieten hat, vergessen Bergers eines nie: «Was die Menschen wirklich suchen, ist Geborgenheit.»

Viele Gäste verbinden das «Victoria-Jungfrau» mit Erinnerungen an frühere Besuche. Eine schöne Hochzeit, ein festliches Abendessen im Kreis der Familie, ein Wellnesswochenende mit der besten Freundin, eine erfolgreiche Tagung mit der Firma. Egal, mit welcher Motivation der Gast anreist, wichtig ist Emanuel Berger in erster Linie eines: «Jedem Gast, egal wer er ist, wird bei uns die gleiche Aufmerksamkeit zuteil.» Die Mitarbeiter verfügen über weitreichende Kompetenzen in ihren Bereichen, aber wenn es um die Zufriedenheit des Gastes geht, kennt der Hausherr keine Kompromisse: «Der Gast investiert in seine Freizeit und bringt uns nicht nur sein Geld,

sondern vertraut uns vielmehr seine wertvolle Zeit an. Unsere wichtigste Aufgabe ist es, ihm das bestmögliche Ferienerlebnis zu bieten, seine Erwartungen gar zu übertreffen und ihn auf keinen Fall zu enttäuschen.» Die Herausforderung dabei: Viele international tätige Geschäftsleute komprimieren heute ihre einstmals zweiwöchigen Ferien auf vier Tage und erwarten von ihrem Time-out einen klaren «return on investment».

Wenn die Hektik der heutigen Zeit die eigenen Kräfte erschöpft, ist es gut, einen Ort zu kennen, der uns durch die ihm eigene Atmosphäre neue Energie und Vitalität schenkt. Im «Victoria-Jungfrau», wo es keine Regeln und Zwänge gibt, wo uns die Menschen mit Herzlichkeit begegnen und jeder Raum uns mit Wärme umgibt, findet die Seele ein Refugium: Endlich angekommen.

Zwischen klassischer Raffinesse und zeitgemässer Leichtigkeit

Schon Ende des 19. Jahrhunderts, als der anspruchsvolle englische und deutsche Adel das «Victoria» zur Sommerfrische nutzte und es zu etwas ganz Besonderem werden liess, setzte das Hotel auf herausragende Serviceleistungen. Auf Gastlichkeit und Genuss, auf Verwöhntwerden ohne Anbiederung. Und natürlich auf das besondere architektonische Ensemble: Die bekannten Architekten Davinet und Studer hatten das «Victoria» in nur neunmonatiger Bauzeit im Stil der Belle Epoque errichtet. Der Erfolg war enorm, die Zimmerpreise erreichten Rekordhöhen im aufblühenden Schweizer Tourismus, was den unermüdlichen Hotelier Eduard Ruchti zu zahlreichen baulichen Erweiterungen ermunterte und ihn schliesslich dazu bewog, das benachbarte Hotel Jungfrau zu kaufen und es mit Hilfe von Architekt Davinet stilgerecht dem «Victoria» anzupassen. 1899 wurde die Fusion der beiden Häuser mit der Errichtung des markanten Kuppelturms vollendet, drei Jahre später starb Ruchti 68-jährig. Die Sehnsucht nach dem Besonderen verschwand auch während den Kriegs- und Nachkriegsjahren niemals – sie wurde in Zeiten des aufkommenden Massentourismus einfach ein wenig verdrängt. Das verstärkte Bedürfnis nach Emotion und Sinnlichkeit kam in den siebziger Jahren wieder auf, als ein neues Team mit Emanuel und Rosmarie Berger die Führung des «Victoria-Jungfrau» übernahm und es in zahlreichen Bauetappen und mit der Unterstützung einer engagierten Besitzerschaft «fit» für das 21. Jahrhundert machte. Von Anfang an war beiden klar, dass sie nicht nur im süssen Nebel gepflegter Nostalgie schweben wollten. Mit ihrem nicht eben geringen Ehrgeiz und ihrem wachsam vorausschauenden, analytisch geleiteten Instinkt durchbrachen sie schon früh das weihevolle Brimborium und den aufgeblasenen Luxus der traditionsverhafteten Nobelabsteigen und paarten klassischen Grand-Hotel-Glamour mit modernem Elan und einem entspannten Lebensgefühl.

Wenn Wände sprechen könnten, würden jene im «Victoria-Jungfrau» zweifellos die abenteuerlichsten Geschichten erzählen, dennoch strahlt alles frisch und lebensfroh.

Bis heute werden die jeweils ältesten Räume kontinuierlich modernisiert, und es wäre nicht das «Victoria-Jungfrau», wenn hier nicht ständig weitergedacht und sinnvoll vergrössert würde. Die allermeisten Hotels hinken der Zeit hinterher – das «Victoria-Jungfrau» geht auch im 141. Jahr voran und erfindet sich ständig neu, ohne seinen Charakter als Grand-Hotel der Gastlichkeit aufzugeben.

Streicheleinheiten für Körper und Seele

Lange bevor die Wellnesswelle überschwappte, machte sich das «Victoria-Jungfrau» auf den Weg, eine eigene Welt für Schönheit, Gesundheit, Bewegung und Entspannung zu schaffen. Denn Ferien sind dazu da, Körper und Seele in ein Gleichgewicht zu bringen, wieder einmal sich selbst zu gehören, neue Energien zu schöpfen. Heute, nach fast fünfzehn Jahren Spa-Geschichte und der Erweiterung durch das architektonisch bemerkenswerte ESPA, bietet das Hotel das attraktivste Spa im Alpenraum.
Auf der Suche nach innerer Balance, ganzheitlicher Erholung und Revitalisierung kann jeder Besucher nach Lust und Laune aus dem breiten Health-, Beauty- und Relax-Angebot wählen. Die gut geschulten Spa-Mitarbeiter kennen den individuell richtigen Weg, egal, ob die erwünschte Regeneration nun auf einem klassischen Herz-Kreislauf-Training, einem Orangenblütenbad oder einer fernöstlichen Massage beruht. Trotz kaum zu überbietender Vielfalt meint Emanuel Berger: «Nicht die Ansammlung verschiedener Wellnesseinrichtungen vermittelt dem Gast das gesuchte Wohlsein, sondern die Verbindung von Ambiente, Umsorgtsein und therapeutischem Know-how.» Nicht nur in den Schönheits-, Sport- und Entspannungszonen des «Victoria-Jungfrau» spürt man diese Verbindung, sondern auch in allen anderen Bereichen des Hauses, von den Zimmern bis zu den Restaurants.

Für jeden Geschmack etwas Besonderes bieten

Allabendlich verwandelt sich das Grand-Hotel Victoria-Jungfrau in einen Ballsaal der Sinne, in eine Welt der Gerüche und Geschmäcker. In drei Restaurants kann man Platz nehmen, sich im eleganten «La Terrasse» bei klassisch französischer Marktküche mit asiatischen Einflüssen oder der leichten «Spa Cuisine» gütlich tun, die zeitgemäss verfeinerten Schweizer Spezialitäten in der heiteren «Jungfrau Brasserie» geniessen oder sich in der schlicht-modernen «La Pastateca» niederlassen und in italienischen Pasta- und Antipasti-Gerichten schwelgen.
Wenn man hört, dass die Küche des «Victoria-Jungfrau» täglich für mehrere Hundert Restaurantgäste, den Room-Service und für die Bankette in den Festsälen zuständig ist, könnte man fast fürchten, in einen gastronomischen Grossbetrieb zu geraten. Doch genau das Gegenteil ist der Fall. So individuell und stimmungsvoll die einzelnen Restaurants sind, so vielfältig ist auch das gastronomische Angebot, welches die vier-

zigköpfige Küchenmannschaft für die verschiedenen Bereiche täglich neu zusammenstellt.

Gekocht wird nach dem Grundrezept: Oft ist weniger mehr. «Ich versuche bei jedem Gericht nicht mehr als drei Hauptkomponenten auf dem Teller zu haben und den Eigengeschmack der Produkte zu erhalten», sagt Küchenchef Manfred Roth. Köche, die ihre Menüs kreativ überladen und die Rohprodukte zu stark verändern oder auch jedem Trend nachrennen, sind ihm ein Graus. «Frische grüne Spargel aus dem Thurgau sind frische grüne Spargel aus dem Thurgau – die Kochkunst besteht in meinen Augen darin, die Vollkommenheit der Natur zu bewahren und diese dem Gast unverfälscht in ihrer Einfachheit zu präsentieren.» Zu diesem Selbstverständnis gehört im «Victoria-Jungfrau» auch die Einschränkung, gewisse Erzeugnisse und Produkte nur dann anzubieten, wenn sie frisch und reif verfügbar und dann auch am besten sind. Den Respekt vor dem Grundprodukt erwarb sich der gelernte Diätkoch und eidgenössisch diplomierte Küchenchef Roth in Asien. «Dort, wo der Spa-Gedanke herkommt, spricht kein Mensch über Kalorien und Diäten. Dafür ehrt man die gesunde Küche, verwendet Rezepte und Zubereitungsarten, die dem Ernährungsbewusstsein entgegenkommen, und kultiviert das Wohlbefinden mit sich selbst.» Sich selbst zu spüren, auf sich selbst zurückzukommen, sich bekömmlich und vital zu ernähren ist Roth wichtiger als Kalorienzählen und Körnerpicken: «Wenn ich Lust auf ein Glas Champagner habe, trinke ich ein Glas Champagner. Nur wer Wellness nicht mit Entsagung erkaufen muss, fühlt sich wirklich wohl.»

Auch Manfred Roth ist entschieden ein Team-Mensch. Wenn es darum geht, den Erfolg der «Victoria-Jungfrau»-Gastronomie zu teilen, schickt er seine Mannschaft vor und lobt das harmonische Zusammenarbeiten zwischen den Küchen- und Servicebrigaden untereinander. Alle sitzen sie im selben Boot, ziehen am selben Strick, verfolgen dasselbe Ziel: eine maximale Zufriedenheit des Gastes aufgrund einer optimalen Leistung. Mit kleineren Ansprüchen treten sie ihr Tagewerk nicht an. «Unsere Gäste sind für mich der Massstab», betont Roth. «Ihre Zufriedenheit, ihre Freude am Geniessen und ihre Lust an neuen Geschmacksrichtungen spornen mich als Küchenchef an. Wir suchen die besten Produkte aus, probieren neue Kombinationen und freuen uns darüber, wenn es mal wieder so richtig gut geschmeckt hat, wenn neue Gerichte angenommen werden und unsere Gäste bei uns eine schöne Zeit verbrachten.» Eines wurde in der langen Erfolgsgeschichte des «Victoria-Jungfrau» klar: Wohlbefinden lässt sich nicht an einem Punkt festmachen. Es ist ein Empfinden, das man aus Gegebenheiten und Möglichkeiten aufsaugt und in ein innerliches Gefühl des Zurücklehnens oder des unbeschwerten Loslassens umsetzt. Ein gutes Essen löst diese Empfindungen aus, aber auch eine Körper- oder Schönheitsbehandlung, das Solebad im Freien, der Afternoon-Tea in der Halle, eine Partie Tennis, eine Sonnenaufgangswanderung, das wohnliche Zimmer, in das man sich zurückzieht. All diese Elemente kommen im «Victoria-Jungfrau» zusammen, zwanglos und menschlich. Wie in jedem Paradies geht es nicht darum, die Fülle zu meistern, sondern sich in ihr zu verlieren.

Dann wird man den Pulsschlag dieses organisch gewachsenen Hotel-Gesamtkunst-werks spüren, das zu den berühmtesten Herbergen Europas zählt und sich gerade deshalb seelenruhig dem Glück des Augenblicks widmen kann.

Was die Gäste mitnehmen, ist eine Kette aus kleinen Freuden und grossen Emotio-nen, die den Alltag noch schmücken, wenn die Traumtage längst vergangen sind. Traurig braucht man deswegen nicht zu sein: Man kann ja immer wieder kommen – oder sich mit diesem Kochbuch selbst einladen an die Tafel des «Victoria-Jungfrau».

Weniger ist mehr und dazu besser

Von Manfred Roth

Meine langjährige Tätigkeit in den gehobenen Restaurant- und Hotelküchen dieser Welt hat mir gezeigt, wie viel man von anderen Kulturen lernen kann. Keine Kompro-misse in Qualität und Service und die Bereitschaft, mehr zu tun als gefordert und er-wartet wird, haben mich von Anfang meiner Karriere an begleitet.

Die Kunst des Kochens bedingt gutes Handwerk, Disziplin und Durchhaltewillen, ge-paart mit der Lebenserfahrung, die – geprägt durch Reisen und Kochen in fremden Ländern – Abwechslung und Emotionen in der Küche aufleben lässt. Ein «Chicken Adobo» in Manila, ein knspriges Tempura in Tokio, die besten Sushi in Hokkaido, das «Suckling Pig» in Singapur oder der gedämpfte Hummer aus der Bretagne, all dies sind Kreationen aus den verschiedensten Küchen der Welt, die unserer hiesigen Koch- und Esstradition eine spannende und faszinierende Dynamik vermitteln. Sie bewir-ken, dass nie Langeweile aufkommt, und wecken das Verlangen nach mehr.

Dabei ist es ein absolutes Muss, dass der Fachmann die Lebensmittel kennt, dass er sie respektiert, sie sparsam und schonend verarbeitet, sprich: «veredelt». Den Eigen-geschmack und die Identität der Produkte zu erhalten und diese dem Gast möglichst unverfälscht und in ihrer Einfachheit zu präsentieren ist die eigentliche Kochkunst. Dies kann nur erreicht werden, wenn man sich selbst gegenüber kritisch bleibt und dem Gast gegenüber offen ist. Denn der Gast ist der eigentliche und der einzig wahre Massstab in unserem täglichen Tun.

Unsere tägliche Herausforderung und Motivation ist, auf der Basis guter Grundzube-reitungen unsere Küche weiterzuentwickeln und den Gast ohne Effekthascherei mit einer einfachen und geradlinigen Küche zu überraschen, die sich hie und da an fremde Kulturen anlehnt, ohne diese zu verfälschen.

Kurz: Weniger ist mehr und dazu besser.

Garden – aus der Kraft der Natur geschöpft

«Garden» – Inspirationen aus dem eigenen Garten und vom aktuellen Marktangebot. Das Credo des Chefs: Nutze die Saison, lasse die Kraft der Natur wirken und bereite Frischprodukte so unverfälscht und ihre natürlichen Qualitäten so gut wie möglich schonend zu. Bei den Gerichten auf den folgenden Seiten kann man es mit eigenem Gaumen schmecken: Der Star in der Küche ist immer das Produkt. Egal, ob Scampi, Jakobsmuscheln, Strauchtomaten, Frühlingsgemüse oder Erdbeeren auf den Tisch kommen – qualitativ gute Erzeugnisse und Produkte sind nicht nur die besten Energielieferanten, die letztlich auch unser Empfinden stark beeinflussen, sondern sie trumpfen auch mit authentischen Aromen und sinnlichen Geschmackserlebnissen auf.

Scampi, sautiert, mit Wildknoblauch-Ravioli und Blütenvinaigrette

Diese Vorspeise hat alles, was der Frühling zu bieten hat: Farbe, frische und feine Kräuter und dazu eines der besten Krustentiere auf dem Markt. Scampi aus Portugal sind hier der absolute Favorit; sie sind nicht immer erhältlich, aber wenn, sollte man sofort zugreifen. (Die zur Hummerfamilie gehörende Krebsart figuriert übrigens im Handel und auf den Speisekarten verwirrenderweise öfter auch als «Langustine», obwohl sie mit der Languste, streng genommen, nichts zu tun hat.)

Ravioliteig:
200 g Mehl
1 Ei
3 Eigelb
etwas Salz
wenig Olivenöl

Füllung:
60 g Bärlauch, grob geschnitten
70 g Lauch, weisser Teil, fein gewürfelt
4 EL Weisswein
90 ml Rahm
20 g Butter
etwas Salz und Pfeffer aus der Mühle

16 Basilikumblätter
etwas Butter

Scampi:
8 Scampi ohne Schale mit Schwanzstück
1 EL Olivenöl
120 g Strauchtomaten, geschält und in Streifen geschnitten
4 Blätter Basilikum
½ rote Zwiebel, in Streifen geschnitten und in Eiswasser eingelegt
Salz und Pfeffer aus der Mühle

Blütenvinaigrette:
20 ml Schlüsselblumensirup (siehe Tipp)
50 ml Champagneressig
1 kleine Schalotte, gehackt
1 TL Kerbel, geschnitten
120 ml Sonnenblumenöl
Blüten und Kräuter nach Belieben als Garnitur

Alle Zutaten zum Ravioliteig mischen und mit ein paar Tropfen Olivenöl zu einem sehr zähen Teig kneten.
Für die Füllung den Bärlauch mit dem Lauch in der Butter anziehen lassen, mit Wein und Rahm ablöschen und cremig einkochen. Mit Salz und Pfeffer abschmecken.
Den Ravioliteig hauchdünn ausrollen. Die Basilikumblätter gleichmässig verteilt auf der einen Hälfte des Teigs auslegen. Auf jedes Blatt etwas Füllung geben. Die unbelegte Hälfte des Ravioliteigs darüberschlagen, den Teig jeweils rund um die Füllung andrücken und die Ravioli ausstechen. Die Ravioli in Salzwasser etwa 5 Minuten kochen, abgiessen, in etwas geschmolzener Butter schwenken und warm stellen.

Die Scampi kurz im heissen Olivenöl anbraten, würzen und warm stellen. Im Bratensatz die Tomaten und das Basilikum anziehen, mit Salz und Pfeffer abschmecken.
Alle Zutaten zur Vinaigrette zu einem homogenen Dressing mixen.
Die Ravioli und Scampi mit den Tomaten und den Zwiebelstreifen anrichten. Mit dem Dressing beträufeln und mit Blüten und Kräutern vollenden.

Tipp:
Für den Schlüsselblumensirup 10 ml Wasser mit 10 g Zucker und 12 Schlüsselblumen bei milder Hitze etwa 10 Minuten ziehen lassen. Abseihen.

Jakobsmuscheln, gebacken, mit Mandeln auf Frühlingsgemüse

Je einfacher das Gericht, desto anspruchsvoller die Zubereitung. Die Natur gibt uns alles, die Kunst liegt darin, es unverfälscht auf den Teller zu bringen. Dieses Gericht ist ein Beispiel dafür.

1 Eiweiss
50 g gehobelte Mandeln
8 Jakobsmuscheln

4 grüne Spargeln
4 Frühlingskarotten mit Grün
4 junge Erbsenschoten
1 Radieschen, in Scheiben geschnitten
12 Cherrytomaten
1 roter Brüsseler Chicorée, Blätter ausgelöst
1 Kopfsalat, nur das Herz
12 Friséeblätter
8 junge Blattspinatblätter
6 EL Champagner-Vinaigrette (siehe Grundrezepte)
Schnittlauch, Kerbel (oder andere Kräuter aus dem Garten)
Salz, weisser Pfeffer aus der Mühle

Zunächst das Gemüse zubereiten: Von den Spargeln das untere Ende (ca. 2 cm) abschneiden (grüne Spargeln müssen nicht geschält werden). Die Schale der Karotten mit einem feuchten Tuch abreiben, das grüne Ende aber daran lassen. Spargeln, Karotten und Erbsenschoten getrennt in wenig Salzwasser bissfest garen. Anschliessend in Eiswasser abkühlen.

Für die Muscheln das Eiweiss halb steif schlagen und die Mandeln daruntermischen. Die Masse gleichmässig auf die mit Salz und Pfeffer gewürzten Jakobsmuscheln verteilen. Im auf 200 Grad vorgeheizten Backofen etwa 6 Minuten backen, bis die Mandelmasse goldgelb ist.

Die Gemüse aus dem Eiswasser nehmen und abtropfen lassen. Die Erbsenschoten längs mit einem kleinen Messer öffnen, sodass die Erbsen sichtbar sind, jedoch in den Schoten bleiben. Die Gemüse zusammen mit den gewaschenen Salatblättern im Champagnerdressing marinieren. Das Frühlingsgrün und -gemüse zusammen mit den Jakobsmuscheln auf einem Glasteller anrichten, mit den Gartenkräutern vollenden.

Tipp:
Unter Eiswasser versteht man mit Eiswürfeln versetztes oder im Kühlschrank stark abgekühltes Wasser. Um den Garprozess von Gemüse zu stoppen und seine Farbe zu erhalten, taucht man dieses nach dem Garen in Eiswasser; dadurch bleibt das Chlorophyll erhalten. Um die grüne Farbe zu intensivieren, kann dem Wasser auch etwas Backpulver beigegeben werden.

8 grüne Spargeln
2 Blätter Frühlingsrollenteig (aus dem Asienladen)
4 Tranchen Rohschinken, fein geschnitten
50 g Bratbutter

Tomatenmarmelade:
50 g Rohrzucker
50 ml Weissweinessig
150 g Tomatenconcassé (siehe Grundrezepte)
50 g getrocknete, gewürfelte Tomaten
1 Knoblauchzehe, geschält, fein gehackt
1 daumendickes Stück Ingwer (10 g), geschält, fein gehackt
1 Prise Salz

2 EL Balsamicokaramell (siehe Grundrezepte)

Grüner Spargel in der Frühlingsrolle, Balsamicokaramell und Tomatenmarmelade

Dieses Spa-Rezept gehört zu meinen Favoriten, da es schnell zubereitet ist und einen attraktiven kleinen Imbiss oder eine Vorspeise ergibt.

Von den Spargeln am unteren Ende etwa 2 cm abschneiden (grüne Spargeln müssen nicht geschält werden).
Die Spargeln in Salzwasser bissfest blanchieren, in Eiswasser abkühlen, dann herausnehmen und abtropfen lassen.
Die Frühlingsrollenteigblätter halbieren. Je 2 Spargelstangen mit einer Scheibe Rohschinken umwickeln, auf die Teigrechtecke legen und einrollen, sodass die Spargelspitzen auf einer Seite herausschauen. Den Teigrand mit etwas Wasser anfeuchten und andrücken.

Für die Tomatenmarmelade den Zucker leicht karamellisieren; sobald er hellbraun ist, mit dem Essig ablöschen und die restlichen Zutaten dazugeben. Etwa 25 Minuten köcheln lassen.
Die Bratbutter in einer Pfanne erhitzen und die Frühlingsrollen zuerst auf der Nahtseite, dann auf den anderen Seiten goldgelb braten. Vorsicht: Nicht zu heiss braten.

Die Frühlingsrollen in der Mitte der Teller anrichten, mit dem Balsamicokaramell einen Ring ziehen, die Tomatenmarmelade mit einem kleinen Löffel abstechen und danebensetzen.

Tipps:
Statt Rohschinken kann man auch geräucherten Lachs nehmen.
Balsamicokaramell ist ein cremeartig eingedickter Balsamicoessig, der sich besonders gut zum Garnieren eignet. Probieren Sie ihn aber auch einmal zum Marinieren von Früchten oder zu Glace!

Strauchtomate als Coulis und als «Eistee» mit geeistem Basilikum

Frisch aus dem Garten ein Hit für jede Sommerparty.

Tomatencoulis:
500 g Tomaten
½ Schalotte
½ Knoblauchzehe
2 EL Olivenöl
50 g Tomatenpüree
1 Zweig Thymian
1 Zweig Rosmarin
1 Zweig Basilikum
Salz, weisser Pfeffer aus der Mühle
1 Prise Zucker

Tomaten-Eistee:
500 g vollreife Tomaten oder geschälte Tomaten aus der Dose
1 kleine Karotte, geschält
¼ Stange Sellerie
1 Schalotte
½ Knoblauchzehe
30 g Butter
2 EL Tomatenmark
½ l Tomatensaft
2 Eiweiss (70 g)
1 Kaffeetasse Eiswürfel
2 EL Tomatenmark
2 Stengel glatte Petersilie
1 Zweig Basilikum
Salz, weisser Pfeffer aus der Mühle
1 Prise Zucker
10 ml (1 cl) Gin

4 EL Milchschaum
2 Blätter Basilikum, mit wenig Wasser gemixt und in Eiswürfelschale eingefroren

Für das Coulis die Tomaten häuten: Dazu den Strunk herausschneiden, die Tomaten am unteren Ende kreuzweise einschneiden; 10 Sekunden in kochendes Wasser geben, herausnehmen und sofort in Eiswasser abschrecken. Die Haut abziehen, die Tomaten halbieren, entkernen und in 1 cm grosse Würfel schneiden.
Schalotte und Knoblauch schälen, klein würfeln und im Olivenöl glasig dünsten. Das Tomatenpüree beigeben und kurz mitdünsten, dann die Tomatenwürfel dazugeben und im Ofen bei 180 Grad zugedeckt 10 Minuten dünsten. Durch ein feines Drahtsieb streichen und mit Thymian, Rosmarin und Basilikum auf 200 Milliliter einkochen. Die Kräuterzweige entfernen und das Coulis mit Salz, Pfeffer und 1 Prise Zucker abschmecken.

Für den Tomaten-Eistee die Tomaten waschen und vierteln. Karotte, Sellerie, Schalotte und Knoblauch in haselnussgrosse Würfel schneiden.
Die Butter erhitzen, das Gemüse darin andünsten, nach etwa 3 Minuten das Tomatenmark dazugeben und 2 Minuten mitdünsten, die Tomatenviertel dazugeben und mit dem Tomatensaft auffüllen. Bei mittlerer Hitze 15–20 Minuten köcheln lassen. Vom Herd nehmen und kühl stellen.
Die Eiweisse mit den Eiswürfeln, dem Tomatenmark, Petersilie und Basilikum vermischen. Unter die abgekühlte Suppe rühren.
Auf den Herd stellen und bei mittlerer Hitze unter ständigem Rühren langsam zum Kochen bringen. 5 Minuten leicht köcheln lassen. Mit Salz, Pfeffer, Zucker und Gin abschmecken.
Ein Sieb mit einem feuchten Passiertuch auslegen und die Suppe vorsichtig durchpassieren. Den klaren «Tomatentee» nochmals kurz aufkochen, abschmecken und kühl stellen.

Das Tomatencoulis in Espressotassen anrichten. Etwas Milch lauwarm erwärmen und mit dem Stabmixer oder einem Capuccino-Schaummixer aufschäumen, auf das Tomatencoulis setzen. Den Tomatentee in Gläsern anrichten und zerkleinertes Basilikumeis daraufgeben.

Tipps:
Kalte Suppen sollten immer etwas kräftiger gewürzt werden, da durch das Kühlen der Geschmack als weniger stark empfunden wird.
Die zwei Suppen sind als ein Gang gerechnet, können aber auch einzeln serviert werden.

Brasserie-Salat an Honig-Rosmarin-Dressing

Seit Jahren hat dieser Salat seinen Stammplatz auf der Karte der «Jungfrau Brasserie». Er widerspiegelt auf einfache und unverfälschte Weise die jeweilige Saison.

1 Zucchetti
1 Fenchel, gerüstet
1 Karotte, geschält
8 Radieschen, geputzt
1 rote Peperoni (Paprika), halbiert
und entkernt
12 Cherrytomaten
verschiedene Blattsalate nach Saison
(Nüssli, Radiccio, Lollo Rosso, Frisée,
Rucola, Kopfsalat)

Rosmarin-Honig-Dressing:
3 EL Rapsöl
2 EL Weissweinessig
1 EL Honig
Salz, weisser Pfeffer aus der Mühle
1 TL Rosmarin, gehackt

Zucchetti und Fenchel vom Stielansatz befreien. Zucchetti, Fenchel, Karotte und Radieschen auf dem Gemüsehobel der Länge nach in feine Scheiben hobeln. Diese 4 Minuten in kaltes Wasser legen, herausnehmen und zugedeckt in den Kühlschrank stellen; so bleibt das Gemüse schön knackig. Die Peperoni in dünne Streifen schneiden, die Cherrytomaten halbieren. Den Blattsalat waschen, gut abtropfen lassen und grosse Blätter zerkleinern.

Für das Dressing alle Zutaten bis auf den Rosmarin im Mixbecher gut durchmixen. Zuletzt den gehackten Rosmarin beigeben; nicht mehr mixen, da das Dressing sonst grün und bitter wird.

Den Blattsalat in eine grosse Schüssel geben. Das kühl gestellte Gemüse mit Haushaltspapier trockentupfen und alles mit dem Blattsalat mischen. Das Dressing erst kurz vor dem Servieren über den Salat geben.

Tipp:
Dieser Salat wechselt je nach Saison. Im Frühjahr wird er angereichert mit jungem Spinat und gehobelten Artischocken, im Herbst mit frischen sautierten Pilzen und im Winter mit Schwarzwurzeln und Brüsseler Endivien. Immer gut dazu ist knusprige Foccacia.

Moussaka-Tartelette mit
Parmesan-Chip

Moussaka einmal anders: mit viel
Gemüse, schaumigem Kartoffelpüree
und der ganzen Geschmacksfülle des
Sommergartens. Beliebt als Zwischengang in einem vegetarischen Menü
und ein neuer Akzent zu einem Steak.

**Für 4 Tarteletteformen von 6 cm Durch-
messer**

Konfitiertes Gemüse:
**je 1 mittelgrosse rote und gelbe Peperoni
(Paprika)**
3 EL Olivenöl extra vergine
je 1 Prise Zucker und Salz
4 Knoblauchzehen, ganz, ungeschält
4 Cherrytomaten
1 kleine Aubergine (ca. 10 cm Durchmesser)

Geriebener Parmesan-Chili-Teig:
150 g Mehl
65 g Butter
1 Prise Salz
70 ml Wasser
30 g Parmesan, gerieben
2 Msp. Chilipulver

1 EL Basilikumpesto (siehe Rezept Seite 170)

Kartoffelschaum:
200 g neue Kartoffeln, geschält
50 ml Milch, heiss
40 g Butter, zimmerwarm
1 Prise Salz
1 Prise gemahlener weisser Pfeffer
1 Prise Muskatnuss
50 ml Olivenöl extra vergine
2 schwarze Oliven, gehackt

Parmesan-Chips (siehe Grundrezepte)
4 Zweige Thymian

Die Peperoni im Ofen bei 180 Grad
12 Minuten backen, auskühlen lassen,
die Haut abziehen und die Früchte entkernen. In 4 gleichmässig grosse Stücke
schneiden, diese mit Olivenöl, Zucker,
Salz und Knoblauch bestreuen und
bei 120 Grad im Backofen langsam
konfitieren (ca. 1 Stunde). Von Zeit zu
Zeit mit dem aromatisierten Öl begiessen.
Die Cherrytomaten kurz in kochendes
Wasser tauchen, herausnehmen und
die Haut abziehen. Nach der Hälfte der
Garzeit zu den Peperoni geben und
ebenfalls konfitieren.

Die Aubergine schälen und in Achtel
schneiden. Diese in der Fritteuse
bei 160 Grad 2 Minuten frittieren, bis
sie eine schöne grüne Farbe haben.

Alle Zutaten zum Teig zusammenrühren
und 2 Stunden ruhen lassen. Den
Teig ausrollen, vierteln und damit die
Tarteletteformen auslegen.

Die Kartoffeln weich kochen, abschütten, ausdampfen lassen und
pürieren (Passevite). Die heisse
Milch und die Butter darunterrühren.
Mit Salz, Pfeffer und Muskatnuss
abschmecken. Am Schluss mit dem
Olivenöl aufschwingen und die
gehackten Oliven daruntermischen.

Die Tartelettböden bei 180 Grad
im Ofen 20 Minuten blindbacken.
Herausnehmen, mit dem Basilikumpesto bestreichen und den Kartoffelschaum auf die noch warmen Tartelettböden dressieren. Das konfitierte
Gemüse daraufsetzen. Mit einem
Parmesan-Chip und einem Thymian-
zweig garnieren.

1 Endivie, in Blätter zerlegt

Caesar Dressing:
1 Eigelb
1 Sardellenfilet (Anchovis)
½ Knoblauchzehe, gehackt
125 ml Sonnenblumenöl
1 EL geriebener Parmesan
1 EL Wasser
1 TL Zitronensaft
5 Spritzer Worcestersauce

Garnitur nach Belieben:
4 Scheiben Magerspeck
2 Scheiben Weissbrot, in Würfel
geschnitten
2 Eier, hart gekocht
4 Cherrytomaten, ganz oder halbiert
2 Zweige glatte Petersilie, Blättchen
abgezupft
Parmesan oder Sbrinz, gehobelt
¼ reife Avocado, grob gewürfelt
schwarzer Pfeffer aus der Mühle

Caesar Salad oder wie man Grossmutters Endivien auch noch brauchen kann

Als ich im Fernen Osten war, sprach jedermann von diesem Salat, und eine Millionenstadt wie Manila gab Ratings heraus, welches Restaurant den besten «Caeser Salad» serviert. Aufsehen kann man erregen, wenn man den Salat in einem 35 Kilogramm schweren Parmesanlaib anmacht und den Käse direkt in den Salat schabt.

Eigelb, Sardellenfilet, Knoblauch und Sonnenblumenöl zu einer Mayonnaise aufschlagen. Die restlichen Zutaten dazugeben, glatt rühren und abschmecken.

Für die Garnitur den Speck in feine Streifen schneiden und mit den Brotwürfeln knusprig rösten. Die Eier schälen, Eiweiss und Eigelb getrennt hacken.

Die Endivienblätter mit dem Dressing anmachen und mit schwarzem Pfeffer bestreuen. Mit Speck, Croûtons, Ei, Tomaten, Petersilie, Parmesan und den Avocadowürfeln vollenden.

Tipp:
Geräucherte Geflügelbrust oder frittierte Calamaresringe eignen sich ebenfalls sehr gut als Zugabe zu diesem herrlichen Salat.

Butterfisch-Steak
auf Steinpilzen und Rosmarin-
Cappuccino

Der Butterfisch ist ein feiner, schnee-
weisser, «butterzarter» Fisch, der
sich sehr gut zum Grillieren oder
als Steak eignet. Er kann wunderbar
mariniert oder auch mal pikant
gewürzt werden.

4 Schalotten
80 g Zucker
400 ml Rotwein (Merlot)
40 g kalte Butter

8 junge zarte Karotten, wenn nötig geschält
etwas Butter
8 schöne gleichmässig grosse Steinpilze,
gesäubert
etwas Olivenöl
4 Butterfisch-Steaks oder anderer fest-
fleischiger Fisch à 120 g
2 EL Zitronen-Olivenöl
4 Zweige Rosmarin
100 ml Rosmarinschaum (siehe Grundrezept
Kräuterschaum)
Salz, Zucker, Pfeffer aus der Mühle

Die Schalotten schälen und in kochendem Wasser kurz blanchieren. Abgiessen und abtropfen lassen. Den Zucker leicht karamellisieren und mit
dem Rotwein ablöschen. Die Schalotten
dazugeben und bei milder Hitze rund
30 Minuten glasieren, bis sie weich
sind. Herausnehmen und den restlichen
Wein sirupartig einkochen. Zuletzt
mit kalter Butter aufschwingen und
warm stellen.

Die Karotten in wenig Wasser mit
Butter, Salz und Zucker glasieren.
Die Steinpilze halbieren, in etwas Oliven-
öl goldgelb braten. Mit dem Zitronen-
Olivenöl beträufeln und warm stellen.

Den Butterfisch mit Salz und Pfeffer
würzen, mit dem Olivenöl bestreichen
und auf dem Grill oder in der Grillpfanne auf jeder Seite 3 Minuten grillieren.

Die Pilze mit den glasierten Karotten
in der Mitte des Tellers anrichten,
das Fischsteak daraufsetzen. Je eine
Schalotte, auf einen Rosmarinzweig
aufgespiesst, dazulegen. Mit der
Rotweinreduktion beträufeln und den
Rosmarinschaum kurz vor dem
Servieren auf den Teller dressieren.

Kokosmayonnaise:
1 Eigelb
2 Prisen Salz
Saft von ½ Zitrone oder Limette
200 ml Rapsöl
50 g Kokosnuss-Relish
(siehe Rezept Seite 70)
100 ml Kokosmilch
Salz, Pfeffer aus der Mühle

8 Softshell-Krabben
Saft von ½ Zitrone
2 EL Worcestersauce
weisser Pfeffer aus der Mühle
50 g Mehl
1 Ei, verklopft
200 g japanische Brotbrösel (Panko, aus dem
Asienladen)

Chiliöl
8 Zweige Sellerie, Blätter
8 frische Chilischoten

Softshell-Krabben, in Panko paniert und knusprig frittiert

Softshell-Krabben sind soeben ge-
häutete Krabben, die dann über besonders weiches Fleisch verfügen; sie
werden vor allem in den USA und in
Asien gerne gegessen. Wenn man sie in
japanischem Panierbrot (im Asienladen
erhältlich) ausbäckt, werden sie knuspriger als mit unseren herkömmlichen
Brotbröseln. Mit einer cremigen Kokosmayonnaise ein willkommener Snack
für den kleinen Hunger zwischendurch.

Für die Kokosmayonnaise Eigelb, Salz,
Zitronensaft und Öl zu einer Mayonnaise aufschlagen. Das Kokos-Relish
und die Kokosmilch daruntermischen
und mit dem Stabmixer aufmixen.
Mit Salz und Pfeffer abschmecken.

Die Krabben in Zitronensaft, Worcestersauce und Pfeffer kurz marinieren.
Aus der Marinade heben und trockentupfen. Zuerst im Mehl, anschliessend
im verklopften Ei und zuletzt im
Panierbrot wenden. Im nicht zu heissen
Frittieröl (170 Grad) langsam goldgelb ausbacken.

Die frittierten Krabben mit der Kokosmayonnaise und dem Chiliöl anrichten.
Mit Sellerieblättern und Chilis ausgarnieren.

4 frische Scampi
10 EL Zitronen-Olivenöl
1 Glas (28 g = 1 oz) Ossietra-Kaviar (Osciètre)

Die Schwänze der Scampi auslösen,
dem Rücken entlang einschneiden und
den Darm entfernen. Das letzte
Schwanzschalensegment als Dekora-
tion daran lassen.
Für die Scampi-Sashimi den Ofen auf
Grillstufe vorheizen. Die Hälfte des
Zitronen-Olivenöls auf ein Backblech
verteilen, die Scampischwänze aufrecht
daraufsetzen und die Schwanzflossen
auseinander spreizen. Mit dem restlichen Zitronen-Olivenöl beträufeln. Bei
maximaler Temperatur mit Oberhitze
kurz im Ofen erhitzen.
Die Scampi aus dem Ofen nehmen
und den Kaviar daraufgeben. Als Würz-
happen zum Auftakt eines Menüs
oder auf Essstäbchen platziert zum
Beispiel zu einem luftigen Creme-
süppchen reichen (siehe Rezept Seite
114).

Scampi-Sashimi, temperiert, mit Osciètre-Kaviar

In Hokkaido, der nördlichsten Halb-
insel Japans, die als Hochburg von Sushi
und Sashimi gilt, habe ich für dieses
Gericht immer Botan Ebi verwendet. Von
gleich guter Qualität sind nach meiner
Erfahrung einzig Scampi aus Portugal.

1 weisse Grapefruit, geschält

1 pink Grapefruit, geschält

1 Blondorange

1 Blutorange, je nach Saison

2 EL Zucker

100 ml spritziger Weisswein

½ Tahiti-Vanilleschote, Mark

2 EL Trüffelhonig

Pistazienpesto:

100 g Zucker

3 EL Wasser

1 unbehandelte Limette, Zesten und Saft

100 g geschälte Pistazien, blanchiert

10 Blätter Basilikum

2 EL Zitronen-Olivenöl

schöne Basilikumblätter als Garnitur

Zitrusfrüchte-Rillette
mit süssem Pistazienpesto

Um den Gaumen frei zu machen für das eigentliche Highlight des Menüs oder auch als erfrischendes Pre-Dessert verwende ich gerne marinierte frische Früchte anstelle des klassischen Sorbets.

Die Früchte filetieren und den austretenden Saft auffangen.
Den Zucker leicht karamellisieren, mit dem Weisswein und dem Zitrusfruchtsaft ablöschen und das ausgekratzte Vanillemark beigeben. Etwas einköcheln und auskühlen lassen. Den Honig zum lauwarmen Zuckersirup geben und glatt rühren. Noch warm über die Zitrusfrüchtefilets giessen und diese bei Raumtemperatur ziehen lassen.

Alle Zutaten zum Pistazienpesto im Mixer fein pürieren.

Das Zitrusfrüchte-Rillette auf Tellern anrichten. Einen Tupfer Pesto dazugeben und mit Basilikumblättchen garnieren.

Tipps:
Für Zuckersirup Zucker und Wasser im Verhältnis 1:1 verrühren, bis der Zucker aufgelöst ist.
Wenn man das Zitrusfrüchte-Rillette 1 Tag im Kühlschrank durchziehen lässt, wird es noch besser.

Weisser Kaffeeschaum:
3 EL Arabica-Kaffeebohnen
100 ml Rahm, flüssig
80 g weisse Kuvertüre
15 ml Tia Maria (Kaffeelikör)
100 ml Rahm, geschlagen

500 g Erdbeeren
Puderzucker nach Geschmack
100 g Tempurateig (siehe Rezept Seite 160)
½ l Erdnussöl

200 ml Milch
½ Tahiti-Vanilleschote

Macchiato von Erdbeeren
und weissem Kaffeeschaum

Kaffee und Erdbeeren ist eine eher
ungewöhnliche Kombination. Wie gut
die Königin der Beeren mit der Arabica-
bohne harmoniert, zeigt dieses er-
frischende und leichte sommerliche
Dessert.

Die Kaffeebohnen im Rahm aufkochen
und 15 Minuten ziehen lassen. Durch
ein Sieb abgiessen. Die weisse Kuvertüre
im Rahm auflösen, mit dem Tia Maria
abschmecken und kühl stellen. Bevor
die Masse zu stocken beginnt, den
geschlagenen Rahm unterziehen und
wiederum kühl stellen.

2 Erdbeeren pro Person mit dem Blatt-
ansatz zum Ausbacken zurückbehalten.
3 Erdbeeren pro Person rüsten und
halbieren. Die restlichen Erdbeeren
rüsten, mit dem Stabmixer pürieren,
mit Puderzucker süssen und die halbierten Erdbeeren damit marinieren.
Die beiseite gelegten Erdbeeren durch
den Tempurateig ziehen und im nicht
zu heissen Frittieröl ausbacken. Auf
Küchenpapier entfetten und mit Puderzucker bestäuben.

Die Milch lauwarm erwärmen, mit
dem ausgekratzten Vanillemark
parfümieren und mit dem Stabmixer
oder einem Cappuccino-Schaummixer aufschäumen.
Die marinierten Erdbeeren in ein
hohes Glas geben. Den Kaffeeschaum
daraufgeben und mit Vanille-Milch-
schaum bedecken. Zusammen mit der
ausgebackenen Erdbeere sofort
servieren.

2 weisse Pfirsiche
100 g Zucker
1 EL Butter
2 EL Mandelmasse
200 g Blätterteig
1 Ei, verquirlt
50 g gehobelte Mandeln, geröstet

Pfirsich-Tarte-Tatins

Auf diese Weise lassen sich fast alle Früchte zu einer Abwandlung der klassischen Tarte Tatin in individuellen Einzelportionen backen. Etwas aufwendig, aber die Mühe lohnt sich.

Die Pfirsiche schälen, halbieren und den Stein entfernen. Die Pfirsiche mit dem Zucker bestreuen, eine Butterflocke in die Höhlung geben und die Früchte mit der Schnittfläche nach unten auf eine Silikon-Backmatte legen. Die Mandelmasse flach drücken und auf die Rundung der Pfirsiche legen. Den Blätterteig dünn ausrollen und rund so gross ausstechen, dass er die Pfirsiche bedeckt und der Rand noch unter die Frucht geschoben werden kann (so kann sich der Teig nicht zusammenziehen). Die Pfirsiche mit dem Teig belegen, den Rand unterschieben und 20 Minuten ruhen lassen. Den Teig mit dem Ei bestreichen und die Pfirsiche kopfüber bei 190 Grad etwa 18 Minuten goldgelb backen. Dabei verbindet sich der austretende Saft der Frucht mit dem Zucker und karamellisiert. Die Pfirsich-Tarte-Tatins aus dem Ofen nehmen und stürzen. Den karamellisierten Rand mit den Mandeln belegen.

Tipps:
Dazu passt eine Eier-Cognac-Sauce (Vanillesauce, parfümiert mit Eiercognac).
Darübergehobelte Bitterschokolade gibt diesem Dessert einen zusätzlichen Hauch Luxus.

Kitchen – Emotionen aus der Küche

Die folgenden Rezepte sind etwas komplexer und brauchen teilweise eine längere Vorbereitungszeit, sie lassen sich aber durchaus in einer gut ausgestatteten Privatküche bewältigen. Es sind vorwiegend Gerichte, die der Klasse der Grande Cuisine entsprechen und im «Victoria-Jungfrau» speziell bei festlichen Banketten serviert werden. Wer dem anspruchsvollen Gast auf dem Teller etwas Besonderes bieten will, kann mit diesen Gerichten Handwerk, Herz und Emotion beweisen, etwa mit originellen Relishes oder in der subtilen Kombination einheimischer Produkte mit fernöstlichen Ingredienzen.

1 japanischer weisser Rettich (Daikon, aus dem Asienladen)
½ l japanische Bouillon (aus dem Asienladen), ersatzweise Geflügelfond
3 EL Sojasauce
1 TL Maisstärke
1 Frühlingszwiebel, fein geschnitten
10 Chinesische Bocksdornbeeren (aus dem Asienladen), eingeweicht

Rettich, in Sojasauce geschmort, mit Frühlingszwiebeln

Ein eigentlicher «Oldie» ist der Rettich, seine Verwendung lässt sich bis ins 8. Jahrhundert zurückverfolgen. Der japanische Rettich ist etwas milder im Geschmack als der europäische; die beste Qualität kommt im Winter auf den Markt. Die Blätter kann man auch für eine Misosuppe verwenden oder zu Pickles einmachen.

Für dieses einfache und leichte Gemüsegericht wird der Rettich langsam geschmort und nimmt so den Geschmack der Bouillon vollständig auf. Die fein geschnittenen Frühlingszwiebeln und die Bocksdornbeeren geben ihm zusätzlich Würze.

Den Rettich schälen und in 4 cm breite Stücke schneiden. Die Ränder gleichmässig so zurechtschneiden, dass alle 4 Stücke gleich aussehen.

Die Bouillon mit der Sojasauce mischen, aufkochen und den Rettich darin zugedeckt weich kochen. Warm stellen. Die Bouillon durch ein Sieb abgiessen und mit wenig Maisstärke zu sülzeähnlicher Konsistenz binden.

Den Rettich in tiefen Tellern anrichten und mit der gebundenen Bouillon überziehen. Mit der fein geschnittenen Frühlingszwiebel und den Bocksdornbeeren bestreuen.

Tipps:
Dieses Gericht eignet sich sehr gut als Zwischengang oder, besonders edel, zu Krustentieren oder zu Gänseleber. Die kleinen roten Chinesischen Bocksdornbeeren (Lycium chinense) sind getrocknet im Asienladen erhältlich. Sie sind reich an Karotin und sollen nach der chinesischen Überlieferung entgiftend wirken.

Enten-Galantine
mit Gänseleber, gebraten,
an Bitterorangensauce

Eine Galantine nicht im klassischen
Sinne, sondern nur mit der Entenbrust
zubereitet. Durch das Anbraten erhält
sie einen speziell intensiven Geschmack
und wirkt auf dem Teller attraktiver.

2 Entenbrüste à 150 g
1 TL Nitrit-Pökelsalz (erhältlich in der
Metzgerei)
2 EL Madeira
2 EL Cognac
200 g Entenfarce für die Füllung
(siehe Grundrezepte)
80 g Gänseleberterrine als Einlage
(siehe Grundrezepte)
1 Zweig Rosmarin

2 Brüsseler Endivien, längs halbiert
½ l Orangensaft
2 EL Zitronensaft
3 Prisen Salz
20 g Zucker
50 g Butter

4 EL Bitterorangensauce
(siehe Grundrezepte)
Pfeffer aus der Mühle
nach Belieben Kapuzinerkresse als
Garnitur

Das kleine Filet von den Entenbrüsten
abschneiden; es wird für die Farce
verwendet. In der Mitte eine Tasche in
die Entenbrüste schneiden und diese
mit der Fettseite nach unten auf einen
Teller legen. Mit Pfeffer, Pökelsalz und
dem Alkohol etwa 1 Tag marinieren.
Die Entenbrust aus der Marinade
nehmen und trockentupfen. Die Entenfarce in die Mitte der Tasche füllen
und einen Keil Gänseleberterrine als
Einlage hineinstecken. Die gefüllten
Entenbrüste in Alufolie einschlagen
und die Enden gut zusammendrehen.
Im Wasserbad unter dem Siedepunkt
etwa 30 Minuten pochieren. Heraus-
heben, auskühlen lassen und aus der
Alufolie nehmen. Die gefüllten Entenbrüste auf der Fettseite in einer Pfanne
mit dem Rosmarinzweig langsam
goldgelb braten, sodass das Fett etwas
wegschmilzt.

Für die geschmorten Endivien den
Orangensaft mit allen weiteren Zutaten
mischen, die halbierten Endivien
hineinlegen und zugedeckt weich
schmoren. Den Saft abgiessen und einkochen und das Gemüse damit
glasieren.

Die Enten-Galantine aufschneiden und
auf dem geschmorten Brüsseler anrichten. Mit Bitterorangensauce umranden und nach Belieben mit Kapuzinerkresse garnieren.

Tipp:
Wer keine Gänseleber mag, kann sie
auch weglassen.

Thunfisch-Carpaccio mit sautierten Endivien, Riesencrevetten und Miso-Sabayon

Der Grosse oder Rote Thunfisch (englisch Bluefin) mit seinem dunkelroten Fleisch gilt als König der Thunfische. Er eignet sich ausgezeichnet als Steak gebraten oder roh, mit Krustentieren serviert. Wir schlagen Ihnen ein Carpaccio vor. Dafür muss das Thunfischfilet selbstverständlich absolut frisch sein.

200 g Thunfischfilet ohne Haut
1 EL Zitronen-Olivenöl
1 Prise Fleur de Sel

Marinade:
je ½ unbehandelte Orange und Zitrone,
fein abgeriebene Schale
1 kleine Knoblauchzehe, gehackt
2 EL trockener Sherry
2 EL Cognac
1 Lorbeerblatt
100 g Frühlingszwiebeln, klein gewürfelt
1 Zimtstange
100 ml frisch gepresster Orangensaft
3 Sternanis

12 Riesencrevetten (Black Tiger Prawns),
geschält, mit Schwanz

3 EL Sesamöl
1 Prise Zucker
je 10 Blätter rote und gelbe Brüsseler
Endivie
50 g Lachskaviar
80 g Miso-Sabayon (siehe Grundrezepte)
Salz, schwarzer Pfeffer aus der Mühle

Das Thunfischfilet auf der Aufschnittmaschine oder mit einem scharfen Messer 3 mm dick aufschneiden und gleich in der Mitte der Teller anrichten. Mit dem Zitronen-Olivenöl fein bestreichen und mit Fleur de Sel leicht würzen.

Alle Zutaten für die Marinade in einer Pfanne aufkochen, die Riesencrevetten dazugeben und auf kleinem Feuer zugedeckt 2 Minuten ziehen lassen.

Den Wok erhitzen, das Sesamöl und den Zucker beigeben und die Brüsselerblätter darin sautieren, bis sie «geschmolzen», das heisst leicht zusammengefallen sind; wenn nötig etwas Wasser zugeben. Mit Salz und Pfeffer würzen.

Die noch warmen Brüsselerblätter, die Riesencrevetten und den Lachskaviar auf dem Carpaccio anrichten und mit dem Sabayon vollenden.

Kuruma-Crevetten-Tian
mit Avocado und grünem Kefir

Kuruma Prawns (Radgarnelen), eine
grosse Crevettenart von 20 bis 22 cm
Länge, gelten in Hokkaido, wo ich
einige Zeit tätig war, als Delikatesse.
Man kann sie durch jede andere
Riesencrevettenart ersetzen. Fangfrisch,
auf den Punkt gegart und mit eher
pikanten Zutaten in der Cocktailsauce
ergeben sie eine einfache und dennoch
raffinierte Vorspeise.

**Für 4 Metallringe von 5 cm Durchmesser
und 3½ cm Höhe**

8 Riesencrevetten, geschält
**80 g asiatische Cocktailsauce (siehe Grund-
rezepte)**
**1 Avocado, geschält, das Fleisch in 5 mm
dicke Scheiben geschnitten**
100 g Kefir
**30 g grüner japanischer Senf (aus dem
Asienladen), ersatzweise milder Kräutersenf**

1 Schnitz Moschuskürbis, geschält
Sesamöl
20 g Lachsrogen
Schnittlauchhalme als Garnitur
Salz, Pfeffer aus der Mühle

Die Riesencrevetten der Länge nach
halbieren und den Darmfaden
enfernen. Die Riesencrevetten in mild
gesalzenem Wasser 2 Minuten
pochieren, sodass sie innen noch
glasig sind. Abkühlen lassen und
mit der Cocktailsauce anmachen. Mit
Salz und Pfeffer abschmecken.
In jeden Metallring 2 halbe Crevetten
geben, mit Avocadoscheiben abdecken
und jeweils nochmals zwei halbe
Crevetten daraufgeben.
Den Kefir mit dem grünen Senf
mischen und die Törtchen damit abschliessen. Kühl stellen. Die Törtchen in
die Mitte der Teller setzen und den
Ring abnehmen.

Den Moschuskürbis in feine Scheiben
hobeln und diese in Eiswasser legen,
damit sie sich schön einrollen. Aus dem
Wasser nehmen, trockentupfen und
mit etwas Sesamöl marinieren. Als Garnitur oben auf das Törtchen setzen.
Mit Lachsrogen und Schnittlauch garnieren.

Tipp:
Die Riesencrevetten dürfen nicht ganz
durchgegart werden, da das Ganze
sonst zu fest wird.

1 Greyerzer Poularde von ca. 1,4 kg

Marinade:
2 TL Salz
1 EL Fünfgewürzepulver
60 g Maltose (aus dem Asienladen oder
Reformhaus)
190 ml Reisessig
2 EL roter chinesischer Essig (Asienladen)
90 ml Wasser

5 l Erdnussöl

Würzsalz:
2 EL Salz, gemischt mit 1 EL Fünfgewürze-
pulver und 1 Prise Calamansi-Schale (kleine
asiatische Limone; ersatzweise Limette)

Greyerzer Poularde mit
dem Parfüm des Reichs der Mitte

In den drei Jahren, die ich in Singapur
verbrachte, hatte ich täglich Einblicke in
die chinesische Küche. Es hat mich
immer wieder beeindruckt, was die
chinesischen Chefs aus dem Wok zau-
bern, und dies bei sehr hoher Hitze und
mit einer eindrücklichen Geschwindigkeit. Dieses mit Glukose marinierte
Geflügel, das zuerst getrocknet und
dann frittiert wird, ist ein interessantes
Rezept aus der «Golden Peony»-Küche.

Alle Zutaten zur Marinade mischen.
Die Poularde an einem Haken auf-
hängen und kurz mit heissem Wasser
übergiessen. Dann mit Hilfe eines
Ventilators 6 Stunden «trocknen»
lassen und dabei mehrmals mit der
Marinade begiessen und weiter «trocknen» lassen. (Dies ist nötig, damit
die Haut die Marinade aufnehmen kann
und beim Frittieren richtig knusprig
wird.)
Das Frittieröl auf 200 Grad erhitzen
und die Poularde 15 Minuten darin
schwimmend frittieren. Danach am
Haken halten und über der Fritteuse
immer wieder mit dem heissen Öl
übergiessen, bis die Haut schön goldgelb und knusprig ist.
Die Poularde in mundgerechte Stücke
schneiden und mit dem Würzsalz
servieren.

Seeteufel-Brasato in Pommery-Kartoffelpüree

Der Seeteufel mit seinem festen Fleisch eignet sich sehr gut zum Marinieren. Mit der kräftigen Rotweinsauce und dem Pommery-Kartoffelpüree ein von der burgundischen Küche inspiriertes Gericht.

½ kleine Karotte, geschält
1 Schalotte
1 Stange Sellerie
1 Lorbeerblatt
1 Zweig Rosmarin
1 Zweig Zitronenthymian
300 ml Burgunder Rotwein
4 Seeteufelfilets à 120 g, pariert
Salz, Pfeffer aus der Mühle
1 EL Erdnussöl
300 ml gebundene Braune Sauce
30 g Butter

300 g Kartoffelpüree (siehe Grundrezepte)
1 EL Pommery-Senf

4 Tranchen Magerspeck, knusprig gebraten
200 g Focacciabrot (siehe Grundrezepte), in feine Scheiben geschnitten und getrocknet
2 Zweige glatte Petersilie

Das Gemüse fein würfeln und zusammen mit den Kräutern zum Rotwein geben. Die Seeteufelfilets darin 1 Tag einlegen, dabei ein- bis zweimal gut mischen und wenden, damit der Fisch gleichmässig mariniert wird. Am nächsten Tag den Fisch aus der Marinade nehmen und auf Küchenpapier gut trockentupfen. Mit Salz und Pfeffer würzen und im heissen Erdnussöl scharf anbraten, damit es eine schöne Kruste gibt.
Den Fisch herausnehmen und in der gleichen Pfanne die Marinade unter ständigem Rühren aufkochen. Sobald die Marinade klar ist, vom Herd ziehen, etwa 10 Minuten ziehen lassen und dann durch ein Tuch abgiessen.

Die Braune Sauce zur Marinade geben, erneut aufkochen, den Fisch beigeben und bei 200 Grad im Ofen 15 Minuten schmoren. Den Fisch herausnehmen und warm stellen.
Die Sauce auf die gewünschte Konsistenz einköcheln lassen und die Butter einrühren.

Den Senf unter das Kartoffelpüree mischen.
Das Kartoffelpüree im Kreis auf den Teller geben. Die Sauce in den Ring geben. Die Fischfilets halbieren und in der Mitte anrichten. Mit dem Speck, den Focaccia-Croûtons und der gezupften Petersilie garnieren.

Relishes und mehr

Auberginen-Koriander-Salsa

Geeignet zu gebratenem Fleisch, Fisch und Geflügel.

300 g Aubergine
je 2 EL klein gewürfelte rote, grüne
und gelbe Peperoni (Paprika)
1 rote Zwiebel, fein gehackt
1 Bund frischer Koriander, fein gehackt
20 schwarze Oliven, fein gehackt
2 EL Sesamöl
100 ml Balsamicoessig
1 EL geröstete Sesamsamen

Die Aubergine in kleine Würfel schneiden. In Sonnenblumenöl frittieren oder in der Bratpfanne goldgelb braten. Auf Haushaltspapier entfetten.
Mit den übrigen Zutaten mischen.

Tipp:
Wenn man die gerösteten Sesamsamen im Mörser zerquetscht, entfaltet sich ihr nussiger Geschmack besonders gut.

Ananas-Rosa-Pfeffer-Relish

Passt sehr gut zu kaltem Fleisch und als Beilage zum Antipasti-Buffet.

1 Babyananas
40 g Zucker
250 ml Weisswein
1 EL Weissweinessig
1 TL geriebener Ingwer
1 TL Chili, getrocknet
1 TL rosa Pfeffer, in der Hand zerrieben
(nur die Schale ohne harten Kern)

Die Ananas schälen, den Strunk entfernen und das Fruchtfleisch in kleine Würfel schneiden.
Den Zucker in einer Pfanne leicht karamellisieren, mit Weisswein und Essig ablöschen, den Ingwer dazugeben und alles aufkochen. Vom Herd nehmen und auskühlen lassen.
Die Ananaswürfel und den Chili in die kalte Marinade geben.

Caponata

Ein erfrischendes süsssaures Gemüse für die Sommermonate.

1 mittlere Aubergine, geschält, gewürfelt
1 Zwiebel, gehackt
1 Msp. gehackter Knoblauch
½ Stange Sellerie, in Scheiben geschnitten
1 EL Olivenöl
1 Prise Zucker
1 TL Weissweinessig
1 TL Kapern, abgespült
1 Tomate, geschält, entkernt und gewürfelt
5 grüne Oliven, in Scheiben geschnitten
1 TL gehackter Koriander

Die Auberginenwürfel in Olivenöl goldgelb frittieren oder in der Pfanne braten, auf Küchenpapier entfetten. Zwiebel, Knoblauch und Sellerie im Olivenöl anziehen. Den Zucker und den Essig beigeben, alles einmal gut durchkochen. Die Kapern und Tomaten beigeben und die Flüssigkeit einkochen lassen. Kurz vor Schluss die Oliven und Auberginen beigeben, mit Salz und Pfeffer abschmecken und den Koriander unterheben.

Trüffel-Nuss-Tapenade

Geeignet als Aufstrich auf Bruschetta oder Crostini, zum Einrühren in Saucen und zum Füllen von Geflügel oder Gemüse.

50 g Trüffel
½ Schalotte
30 g getrocknete Steinpilze
1 EL Olivenöl
10 g Butter
2 Prisen Salz
20 g Haselnüsse, geröstet, fein gehackt
20 g Walnüsse, fein gehackt
6 EL Trüffelöl

Die Trüffel waschen. Schalotte, Trüffel und Steinpilze hacken.
Olivenöl und Butter erhitzen. Schalotte, Trüffel und Steinpilze darin andämpfen und salzen.
Aus der Pfanne nehmen, die fein gehackten Nüsse dazugeben und das Trüffelöl unterrühren. Die Masse im Cutter kurz pürieren.

Tipp:
Luftdicht verschlossen aufbewahren, damit der Trüffelgeschmack nicht verfliegt.

Kokosnuss-Relish

1 Kokosnuss
½ TL geriebener Ingwer
½ Zimtstange
1 Chilischote, entkernt, gehackt
1 grosse Zwiebel, gehackt
2 Nelken
80 g brauner Zucker
1 TL Salz
300 ml Apfelessig

Die Kokosnuss aufbrechen und den Saft auffangen. Das Fleisch herauslösen und fein reiben.
Alle Zutaten mischen und 30 Minuten zugedeckt köcheln lassen. Danach 15 Minuten ohne Deckel einkochen. In Gläser einfüllen, sterilisieren und mindestens 1 Monat ruhen lassen.

Tipp:
Mit Mayonnaise vermengen und zu kalten Meeresfrüchten reichen.

Sämtliche Relishes halten sich gut verschlossen im Kühlschrank etwa 1 Monat.

Krokant-Boden:
65 g Pralinenmasse 1:1
40 g Milchschokoladen-Kuvertüre
75 g Paillette feuillettine (in der Konditorei
erhältlich), ersatzweise zerbröselte Hüppen

Schokoladenschaum:
80 g Kuvertüre (58%)
80 g Kuvertüre (68%, extrabitter)
100 ml Milch
300 ml Rahm, halbsteif geschlagen

Beeren der Saison

Schokoladen-Royale
auf Knusperteig

Eine unwiderstehliche Kombination,
bei der das eine ohne das andere nicht
auskommt. Die knusprige Paillette
harmoniert aufs Beste mit der feinen
Mousse.

Die Pralinenmasse mit der geschmolze-
nen Kuvertüre mischen (ca. 50 Grad).
Die Paillette daruntermischen. Die
Masse in einem Tortenring von 20 cm
Durchmesser glatt streichen.

Für den Schokoladenschaum die Kuver-
türen über dem heissen Wasserbad
schmelzen. Die Milch auf etwa 30 Grad
erhitzen. Die geschmolzene Kuvertüre
beigeben und gut mischen. Den halb
geschlagenen Rahm unterheben. In den
Tortenring füllen und kühl stellen.
Mit Kakaopulver bestäuben und mit
Beeren der Saison ausgarnieren.

Tipps:
Je besser die Schokolade, desto besser
das Resultat.
Bei uns wird die Schokoladen-Royale
mit einem Himbeersorbet und einem
Hauch Gold serviert.

Living-Room – Amuse-Cocktailpartys für zuhause

Jeder kommt zwischendurch in die Situation, Freunde zum Apéro oder zu einer Party zu empfangen und ihnen dabei etwas Spezielles servieren zu wollen. Nicht alltägliche Gaumengrüsse aus der Küche eben, warme und kalte Cocktailhäppchen, die zum Champagner oder Weisswein gereicht werden – leckere Scampi-Sashimi mit Osciètre-Kaviar, würzige kleine Tandoori-Bällchen an Gurken-Raita oder mit Gänseleber gefüllte Morcheln, bis hin zu jenen Naschereien, die es zum Espresso gibt und deren Finesse von der Richtigkeit überzeugt, dass Verführungen immer süss sind, etwa die gefüllten Brownies oder die Grand-Cru-Schokoladen-Tarte. Ein Dutzend «lifestylige» Ideen aus dem «Victoria-Jungfrau», die Lust auf die nächste Einladung machen.

Krabben-Cakes, frittiert, mit Mangomarmelade

Ein typischer asiatischer Cocktail-Snack.

Krabben-Cakes:
100 g Krabbenfleisch, ausgelöst
5 Grönland-Crevetten, geschält
1 EL Gemüsewürfelchen (Karotte, Lauch, Sellerie)
1 EL fein gehackte Zwiebel
1 Msp. fein gehackter Knoblauch
2 EL Olivenöl
1 TL Pernod (Anisschnaps)
40 ml Rahm
1 EL Toastbrotbrösel (entrindetes, fein geriebenes Toastbrot)
1 Zweig Koriander, gehackt
wenig Ingwer, frisch gerieben
3 Tropfen Sesamöl
Salz, Pfeffer aus der Mühle

Zum Panieren:
1 EL Weissmehl
1 Ei, verquirlt
30 g japanische Brotbrösel (Panko, siehe Seite 38)

4 EL Mango-Chili-Marmelade oder Safran-Aïoli (siehe Grundrezepte)

Das Krabbenfleisch und die Crevetten mit einem grossen Messer zwei- bis dreimal durchhacken. Zusammen mit dem Gemüse, Zwiebel und Knoblauch im Olivenöl anziehen. Mit dem Pernod und dem Rahm ablöschen. Die Toastbrotbrösel, Koriander, Ingwer und Sesamöl hinzufügen und alles gut mischen. Mit Salz und Pfeffer abschmecken.
Aus der Masse 12 gleich grosse Kugeln formen, in Mehl wenden, dann im verquirlten Ei und mit dem Panko-Panierbrot panieren. In der Fritteuse bei 180 Grad frittieren.
Die Krabben-Cakes auf ein Bambusstäbchen stecken und mit Mango-Chili-Marmelade oder Safran-Aïoli servieren.

Tipp:
Durch das japanische Panierbrot werden die Krabbenküchlein knuspriger als mit herkömmlichem Paniermehl.

4 Riesencrevetten mit Schwanzsegment

Marinade:
je ½ unbehandelte Orange und Zitrone,
fein abgeschnittene Schale
1 TL zerquetschter Knoblauch
2 EL roter chinesischer Wein
2 EL Cognac
1 Lorbeerblatt
2 EL Sherry
1 EL klein gewürfelte Frühlingszwiebel
½ Zimtstange
100 ml Orangensaft
1 Sternanis
60 g Peperoni-Relish (siehe Grundrezepte)

Betrunkene Riesencrevetten
auf feurigem Peperoni-Relish

Alle Zutaten zur Marinade mischen
und aufkochen. Die Crevetten dazugeben, 3 Minuten ziehen, dann im Fond
erkalten lassen (sie sollen innen noch
glasig sein).
Die Riesencrevetten mit dem Peperoni-
Relish servieren, besonders schön in
einem Cocktailglas oder einem beliebi-
gen anderen Glas.

Tandoori-Bällchen
an Gurken-Raita

Die in der indischen wie auch in
der orientalischen Küche zu scharfen
Gerichten gereichte Joghurtsauce
hat die Aufgabe, den Gaumen zu neu-
tralisieren.

400 g Lammfleisch, gehackt
1 EL fein gehackte Frühlingszwiebel
Salz, Pfeffer aus der Mühle

Tandoori-Marinade:
200 g Joghurt nature, über Nacht
abgetropft
1 TL Cayennepfeffer
1 TL Kurkuma
1 TL Korianderpulver
½ TL Kümmelpulver
1 TL Garam Masala
etwas Randensaft zum Einfärben

Gurken-Raita:
50 g Salatgurke
100 g Jogurt nature
Salz, Pfeffer aus der Mühle
1 EL klein gewürfelte rote Peperoni
(Paprika)
1 Zweig Koriander, gezupft

Das Lammfleisch mit der Frühlingszwiebel mischen und würzen. Die
Masse zu walnussgrossen Bällchen
(ca. 40 g) formen.

Für die Marinade den Joghurt über
Nacht in einem mit einem Tuch ausge-
legten Sieb abtropfen lassen, um dem
Joghurt die Flüssigkeit zu entziehen.
Die Gewürze unter den abgetropften
Joghurt mischen und mit etwas
Randensaft leicht rot färben.

Für das Raita die Gurke schälen, entkernen, in Würfelchen schneiden, salzen
und 30 Minuten stehen lassen. Anschliessend mit Wasser abspülen, abtropfen lassen und unter den Joghurt
mischen. Abschmecken.

Die Fleischbällchen durch die Tandoori-
Marinade ziehen, auf ein mit Back-
papier belegtes Blech setzen und im
Ofen bei 250 Grad etwa 8 Minuten
backen.
Die Tandoori-Bällchen mit dem Gurken-
Raita servieren.

Guacamole-Tartelettes
mit Tortilla-Chips

Tartelettes:
250 g Weissmehl, gesiebt
150 g Butter, in Flocken
100 ml Wasser
1 TL Salz

Guacamole:
1 reife Avocado, ausgelöstes Fleisch
1 EL fein gehackte Zwiebel
1 EL Tomatenconcassé (siehe Grundrezepte)
½ Knoblauchzehe, gepresst
1 EL klein gewürfelte rote Peperoni
(Paprika)
1 TL Limettensaft
2 EL Olivenöl extra vergine
1 EL gehackte rote Chili
Salz, Pfeffer aus der Mühle
1 TL frisch gehackter Basilikum

Mehl und Butter mit den Händen
miteinander vermischen. Zu einem
Kranz formen. In die Mitte Wasser und
Salz geben, alles vermengen und
zu einer Teigkugel formen. Zugedeckt
1 Stunde im Kühlschrank ruhen lassen.
Kleine ofenfeste Tartelettenförmchen
mit dem Teig auslegen und blindbacken (Backpapier in entsprechender
Grösse auf den Teigboden legen und
mit Hülsenfrüchten beschweren).

Alle Zutaten zur Guacamole mit einer
Gabel oder im Mörser mischen und
glatt rühren.

Die Tartelettes auskühlen lassen,
mit der Guacamole füllen und mit
Tortilla-Chips garnieren.

12 Pouletbrustfilets
½ Limette, Saft
1 EL Mehl
1 Ei, verquirlt
50 g getrocknete Kokosflocken
Öl zum Frittieren
Salz, Pfeffer aus der Mühle

4 EL Tomaten-Chutney (siehe Grundrezepte)

Die Pouletfilets im Limettensaft
2 Stunden marinieren. Herausnehmen,
trockentupfen und mit Salz und Pfeffer
würzen. Im Mehl wenden, durchs
Ei ziehen und mit den Kokosflocken
panieren.
Im heissen Frittieröl goldgelb frittieren
oder in der Pfanne braten. Auf Küchenpapier entfetten.
Auf Gabeln setzen oder auf Spiesschen
stecken und mit dem Tomaten-Chutney
servieren.

Pouletfilet, in Kokos gebacken, auf Tomaten-Chutney

Gänseleber-Crème-brulée

60 g Gänseleber, von Adern befreit

2 EL roter Portwein

1 EL Muskatellerwein

1 Prise Nitrit-Pökelsalz

2 Prisen Salz

1 Prise Zucker

1 Prise Pastetengewürz

50 ml Milch

50 ml Rahm

1 Ei

1 gehäufter EL (20 g) brauner Zucker

Die Gänseleber in 1 cm grosse Würfel schneiden. Mit Portwein, Muskateller, Nitrit-Pökelsalz, Salz, Zucker und Pastetengewürz mischen und über Nacht zugedeckt marinieren lassen. Milch und Rahm zusammen aufkochen und in den Mixbecher geben. Das Ei dazugeben und mixen, dann die Gänseleberwürfel nach und nach unter ständigem Mixen beifügen. Die Masse durch ein feines Haarsieb streichen und mit einer Schaumkelle abschäumen. Gleichmässig in 4 Espressotassen verteilen, diese mit Klarsichtfolie abdecken und in ein Wasserbad stellen. Bei 90 Grad etwa 30 Minuten im Backofen pochieren, bis die Masse stichfest ist. Die Tassen aus dem Wasserbad nehmen und die Gänselebermousse bei Raumtemperatur abkühlen lassen (im Kühlschrank würde sich Kondenswasser bilden und der anschliessend daraufgestreute Zucker auflösen).

Den braunen Zucker gleichmässig auf die Oberfläche der abgekühlten Gänselebermousse verteilen und mit dem Gasbrenner (Bunsenbrenner) vorsichtig, nicht zu schnell goldgelb karamellisieren.

Tipp:
Ein Gericht für einen ganz speziellen Cocktail oder für ein exquisites Buffet.

Nashibirnen-Kompott auf
Gänseleber-Mosaik

Die Nashibirne ist in Japan heimisch.
Es handelt sich um eine saftige, knackige,
nicht sehr süsse Frucht, die sehr oft
roh als Dessert gereicht wird.

Kompott:
400 g Nashibirnen
1 EL Honig
50 ml Portwein
etwas Agar-Agar

300 g Gänseleberterrine (siehe Grund-
rezepte), Zimmertemperatur
nach Belieben Nashibirnen-Chips
als Garnitur (siehe Grundrezepte)

Die Birnen schälen, entkernen und
mit Honig und Portwein zu einem Kompott kochen; wenn nötig etwas Wasser
beigeben. Pürieren und nochmals etwas
einkochen lassen, ohne dass das Kompott am Topfboden ansetzt. Es ist sehr
wichtig, dass der Eigengeschmack des
Kompotts zur Geltung kommt, daher
mit der Wasserzugabe zurückhaltend
sein. Das Kompott mit etwas Agar-Agar
(nach Packungsanleitung) binden.

Die Gänseleberterrine 2 cm hoch in
eine beliebige Form streichen und
kühl stellen. Das lauwarme Kompott
in einer etwa 1½ cm hohen Schicht
daraufgiessen und sich setzen lassen.
Im Kühlschrank 1 Stunde ruhen lassen,
dann in schöne gleichmässige Würfel
schneiden. Auf einen Teller setzen
und nach Belieben mit Birnen-Chips
und Bitterschokolade ausgarnieren.

Tipp:
Ich bevorzuge zum Binden das
auf pflanzlicher Basis gewonnene Agar-
Agar (Algenstärke), das auch eine
Konsistenz mit schönem Biss ergibt.

Für 1 Ring von 6½ cm Durchmesser

200 g Baumkuchen (siehe Grundrezepte)

Entenlebermousse:
60 ml Portwein
100 ml Rahm
200 g Entenleberterrine (siehe Grundrezept
Gänseleberterrine)
1 EL Armagnac
50 g halb geschlagener Rahm
1 Prise getrocknete Chilistreifen
Salz, weisser Pfeffer aus der Mühle

½ TL getrocknete Chilistreifen
als Garnitur

Entenlebermousse mit einem Hauch Chili im Baumkuchen

Den Baumkuchen in 3 mm breite Streifen schneiden und den Rand des Metallrings damit auslegen.

Für die Entenlebermousse den Portwein auf ein Drittel (20 ml) einkochen. Den Rahm aufkochen und in den Mixbecher geben. Die Portweinreduktion und die Entenleberterrine daruntermixen. Mit Salz, Pfeffer und dem Armagnac abschmecken. In eine Schüssel geben und auf Eis kalt rühren. Kurz bevor die Masse zu stocken beginnt, den halb geschlagenen Rahm und die Chilistreifen unterheben. Die Mousse in die vorbereiteten Ringe füllen und glatt streichen. Etwa 1 Stunde kühl stellen und fest werden lassen. Die Metallringe abziehen, das Moussetörtchen in 6 gleich grosse Stücke schneiden und mit getrockneten Chilifäden garnieren.

12 frische grosse Spitzmorcheln,
gründlich gewaschen, auf Haushaltspapier
getrocknet

Gänseleberfüllung (alle Zutaten sehr kalt):
100 g Pouletbrust ohne Haut
100 ml flüssiger Rahm
Salz, Pfeffer aus der Mühle
100 g Gänseleberterrine (siehe Grundrezepte)
1 EL Cognac
3 EL Portwein
1 Ei

200 ml Gemüsefond
wenig Glace de viande (siehe Grundrezepte)
12 kleine Scheiben Toastbrot oder
normales Toastbrot, geviertelt
Schnittlauch und Ringelblumenblüten
als Garnitur

Morcheln, mit Gänseleber gefüllt

Für dieses Gericht verwendet man
am besten schöne grosse Morcheln, die
so auch gut zur Geltung kommen.

Den Stiel der Morcheln wegschneiden.
Die Spitze der Morcheln mit einer
Nadel einstechen (zum anschliessen-
den Füllen).

Alle Zutaten zur Füllung (sie müssen
sehr kalt sein!) im Cutter oder in der
Küchenmaschine zu einer feinen Masse
mixen. Die Masse in einen Spritzsack
geben und vorsichtig in die Morcheln
füllen.

Den Gemüsefond aufkochen, die
Morcheln hineingeben und bei niedri-
ger Hitze etwa 3 Minuten ziehen
lassen. Im Sud erkalten lassen.
Die Morcheln mit etwas Glace de
viande leicht bestreichen. Auf kleinen
Scheiben Toast anrichten. Nach
Belieben mit einem Schnittlauchhalm
und einer Ringelblumenblüte garnieren.

150 g Blätterteig
200 g Lachs-Rillette (Rezept Seite 182)
50 g Frischkäse (z.B. Philadelphia)
Chinesische Bocksdornbeeren (aus dem
Asienladen), eingeweicht

Den ausgewallten Blätterteig auf
ein Blech legen, einstechen und
im auf 200 Grad vorgeheizten Ofen
15–20 Minuten backen, erkalten lassen.
Eine rechteckige Form (von etwa
10 x 8 cm) wählen. Den Teig in zwei
Rechtecke der entsprechenden Grösse
zurechtschneiden.
Einen Teigboden in die Form setzen.
Die Lachs-Rillette daraufgeben
und glatt streichen. Mit dem zweiten
Blätterteigboden abdecken und diesen
leicht anpressen. Mit einer Schicht
Frischkäse abschliessen. Das Mille-
feuille kühl stellen; die Butter in der
Rilette wird dadurch fester.
Das Mille-feuille in exakte Rechtecke
und oder Quadrate schneiden. Jeweils
mit einer Bocksdornbeere garnieren.

Lachs-Mille-feuille mit
Bocksdornbeeren

Diese Cocktailhäppchen passen sehr
gut zu einem fruchtigen Weisswein
oder Champagner. Die Herstellung ist
einfach, denn den Fisch kann man sich
vom Fischhändler zurechtschneiden
lassen.

Spinat-Crêpes:
½ Schalotte, fein geschnitten
etwas durchgepresster Knoblauch,
nach Belieben
1 TL Butter
100 g frischer Spinat, fein gehackt
1 Eiweiss, leicht aufgeschlagen
50 g Parmesan, gerieben
Salz, Pfeffer aus der Mühle

Frischkäsemasse:
50 g Frischkäse (z.B. Philadelphia)
50 g Ricotta
getrocknete Chilistreifen nach Geschmack

Spinat-Ricotta-Roulade

Mit geschmolzenem Spinat zubereitet, ein attraktiver vegetarischer Appetithappen und somit absolut im Trend.

Schalotte und Knoblauch in der Butter andünsten, den Spinat dazugeben und kurz durchschwenken. Abkühlen lassen. Das leicht aufgeschlagene Eiweiss sorgfältig darunterheben und mit Salz und Pfeffer würzen.
Die Masse so dünn wie möglich auf einem mit Backpapier belegten Blech ausstreichen. In der Mitte des auf 220 Grad vorgeheizten Ofens 20–30 Minuten backen. Mit dem geriebenen Parmesan bestreuen und erkalten lassen.

Die Zutaten zur Frischkäsemasse mischen.

Die Spinat-Crêpe rechteckig zurechtschneiden, mit der Frischkäsemasse dünn bestreichen und in Klarsichtfolie einrollen.
Die Roulade gut kühlen, eventuell kurz anfrieren, damit sie sich besser schneiden lässt. Schräg in Stücke schneiden und jeweils mit einem Tupfer Ricotta garnieren.

200 g Sushireis
250 ml Wasser
etwa 1 cm Kelp (getrocknete Algen, aus dem
Asienladen)
1 EL getrocknetes Sushigemüse (aus dem
Asienladen)
150 g geräucherter Lachs, fein tranchiert

Dressing:
125 ml Reisessig
3 EL Zucker
5 TL Salz

Garnitur, wahlweise:
1 EL Sesam, geröstet
8 Ama Ebi oder Grönland-Crevetten
3 Stück Barbecue-Aal (mariniert und
grilliert), geschnitten
10 Thai-Spargeln oder feine Wildspargeln,
kurz gegart
3 TL Wasabi-Tobico
50 g eingelegter geschnittener Ingwer (Gari)

Sushi, gepresst, mit Millennium-Garnitur

Ein Apéro-Häppchen, das seit Jahren
im Trend und schon fast Kult ist. Ein
Sushi mag man immer!

Entscheidend ist die richtige Vorbereitung des Reises: Den Reis in einer
grossen Schüssel waschen und das
Wasser immer wieder wechseln, bis es
klar bleibt. Die Körner nicht zu stark
aneinander reiben, da sie leicht
brechen, wenn sie nass sind. Für einen
luftigen und feuchten Reis ist es
wichtig, den Reis nach dem Waschen
1 Stunde ruhen zu lassen, damit er
die Feuchtigkeit absorbieren kann und
so gleichmässig gart.
Den gewaschenen Reis in den Reiskocher geben, mit dem Wasser auffüllen, Kelp beigeben. Schliessen und
den Reis kochen.

Die Zutaten zum Dressing verrühren,
bis Zucker und Salz aufgelöst sind. Das
Dressing nach und nach zum gegarten
Reis geben und vom Reis absorbieren
lassen.
Die Hälfte des Reises in eine Sushi-
presse geben, mit dem getrockneten
Sushigemüse und der Hälfte des
Lachses belegen. Mit der zweiten Lage
Reis bedecken, mit dem restlichen
Lachs belegen und gut pressen.
Die Sushi in schöne Quadrate
schneiden. Nach Wunsch ausgarnieren.
Mit Wasabi, Sojasauce und Ingwer
servieren.

Tipp:
Ein Reiskocher ist für dieses Gericht
unabdingbar und ergibt im Vergleich
zum konventionellen Kochen auf
dem Herd ein viel besseres Resultat. Im
Reiskocher kann man z.B. auch Trocken-
reis, gemischt mit angedämpften Pilzen
und Zwiebeln oder anderen Zugaben,
zubereiten. Da keine Aromen verloren
gehen, erhält er einen besonders intensiven Geschmack.

Schokoladen-Bananen-Würfel

Kokosbiskuit:
4 Eiweiss
130 g Zucker
50 g Kokosraspel
4 EL Mehl
1 Eiweiss

Bananengelee:
600 g reife Bananen (geschält gewogen)
80 g Zucker
1 Zitrone, Saft
6 Blatt Gelatine, eingeweicht

Ganache:
300 ml Rahm
40 g Butter
450 g Zartbitterschokolade, gehackt

Für das Biskuit Eiweiss und Zucker steif schlagen. Die Kokosraspel und das Mehl unterheben. Zuletzt das flüssige Eiweiss daruntermischen. Die Masse auf zwei mit Silikonmatten oder Backpapier belegte Bleche aufstreichen und bei 220 Grad etwa 5 Minuten backen. Herausnehmen und auskühlen lassen.

Die Bananen in etwa 1 cm dicke Scheiben schneiden. Zusammen mit dem Zucker und dem Zitronensaft erwärmen, bis die Bananen weich sind, aber ihre Form noch haben. Die ausgedrückte Gelatine darunterziehen. Die Masse in eine rechteckige Form geben und auskühlen lassen. Mit einer Lage entsprechend zurechtgeschnittenem Kokosbiskuit belegen.

Für die Ganachemasse Rahm und Butter aufkochen und über die Schokolade giessen. Rühren, bis sich die Schokolade aufgelöst hat. Etwas auskühlen lassen und auf dem Biskuit ausstreichen. Mit der zweiten Biskuitlage bedecken und auskühlen lassen. In schöne, mundgerechte Würfel schneiden.

Grand-Cru-Schokoladen-Tarte

Eine süsse Versuchung aus der La-Terrasse-Küche.

Tarte:
150 g Butter
250 g Zucker
6 Eier
100 g Vanille-Kuvertüre, geschmolzen
75 g Mehl
100 g Grand-Cru-Maracaibo-Schokolade (65% Kakaoanteil)

Passionsfrucht-Gelee:
6 Passionsfrüchte
90 ml Zuckersirup 1:1
175 ml Wasser
3 Blatt Gelatine, eingeweicht

Kokossauce:
100 ml Kokosmilch
2 EL Kondensmilch

Butter und Zucker weich rühren. Die Eier nach und nach beigeben, die flüssige Kuvertüre daruntermischen und das Mehl unterheben. Den Teig auf einem mit Backpapier belegten Blech ausstreichen und bei 200 Grad etwa 20 Minuten backen. Aus dem Ofen nehmen, auf Backpapier stürzen, das Backpapier abziehen und den Teig mit dem Blech beschwert etwa 10 Minuten pressen und gut auskühlen lassen.

Die Passionsfrüchte entkernen, das Fruchtfleisch pürieren und passieren (sollte 100 g Püree ergeben). Das Passionsfrucht-Püree mit Sirup und Wasser mischen. Etwas vom Püree erwärmen und die Gelatine darin auflösen, zum restlichen Püree geben und gut daruntermischen.

Den Teigboden in eine Form passender Grösse geben. Das Passionsfrucht-Gelee daraufgiessen und im Kühlschrank fest werden lassen. Mit einem nach jedem Schnitt wieder mit heissem Wasser benetzten Messer in gleichmässige Würfel von etwa 2½ cm Kantenlänge schneiden.

Die Zutaten für die Sauce zusammen mit dem Stabmixer aufschäumen. Zur Tarte servieren.

Mit Ringen von etwa 2½ cm Durchmesser Rondellen aus dem Teig ausstechen. Den Tarteboden in den Metallringen lassen. Die Metallringe von den Tartes abheben, diese auf kleine Teller geben und mit der Sauce umgiessen.

Tipp:
Man kann auch mit einem runden oder eckigen Ausstecher Portionenstücke aus der Tarte ausstechen.

Schokobretzel
mit gebrannter Creme

Bretzel:
150 g Zucker
100 g Mehl
50 g Kakaopulver
50 g Butter
1 Ei
100 ml Rahm
1 EL Kirsch
2–3 EL Weisswein
50 g Kuvertüre, flüssig, zum Ausstreichen

Gebrannte Creme:
50 g Zucker
200 ml Milch
1 Ei, verklopft
1 Eigelb
½ Vanilleschote
50 ml Rahm, aufgeschlagen

Zuckerheu als Garnitur (siehe Grundrezepte)

Zucker, Mehl und Kakaopulver mischen.
Die restlichen Zutaten bis auf den
Wein nach und nach beigeben. Mit dem
Wein bis zur richtigen Konsistenz
mischen.
Das Bretzeleisen fetten und aus
dem Teig kleine Bretzeln backen. Diese
noch warm zu kleinen Cornets rollen.
Nach dem Erkalten mit flüssiger
Kuverture ausstreichen.

Den Zucker mit 1 Esslöffel Wasser kara-
mellisieren, mit der Milch aufgiessen.
Die Milch unter tüchtigem Rühren
mit dem Schwingbesen zu den verklopften Eiern giessen. Zurück auf den
Herd stellen und bis knapp vors Kochen
erhitzen, bis die Creme leicht angedickt auf der Rückseite eines Kochlöffels
liegen bleibt (beim Daraufblasen
bilden sich Wellen).
Die Creme in eine Schüssel giessen, mit
Zucker bestreuen (so bildet sich keine
Haut) und abkühlen lassen. Vor der
Weiterverwendung den geschlagenen
Rahm darunterziehen.
Die Creme mit einem Spritzbeutel
in die Cornets füllen (diese dazu in eine
Lochplatte, in Schnapsgläser oder in
einen umgedrehten Eierkarton stellen).
Mit einer Himbeere und mit Zucker-
heu garnieren.

**Für eine flache viereckige Backform
von 15 x 20 cm**

Teig:
175 g Vanille-Kuvertüre
125 g Butter
2½ Eier
260 g Zucker
1 Prise Vanillezucker
1 EL Zuckerrübensaft
85 g Mehl
1 TL Backpulver
75 g Baumnüsse, grob gehackt

Frischkäsemasse:
180 g Frischkäse (z.B. Philadelphia)
90 g Butter, flüssig
75 g Zucker
½ Ei

Schoko-Chips (siehe Grundrezepte)

Brownies mit Frischkäse-Füllung

Für den Teig Kuvertüre und Butter
schmelzen. Eier, Zucker, Vanillezucker
und Zuckerrübensaft mischen und beigeben. Das Mehl und das Backpulver
mischen und unterheben. Zum Schluss
die Baumnüsse einrühren. Die Hälfte
der Teigmasse in die gefettete Backform
füllen.

Alle Zutaten zur Frischkäsemasse
gut mischen und diese vorsichtig auf
der ersten Teigschicht verteilen.
Mit der restlichen Brownie-Teigmasse
bedecken und bei 200 Grad etwa
20 Minuten backen.

In 3 x 3 cm grosse Würfel schneiden und
mit den Schoko-Chips garnieren.

LA TERRASSE

Paul Leber

Dining-Room – die legendären Hotelküchen gehen mit der Zeit

Ein Gourmetrestaurant lebt von edlen Spitzenprodukten, eine Brasserie von der Brasserieküche, ein italienisches Lokal von mediterranen Köstlichkeiten – das ist grundsätzlich auch im «Victoria-Jungfrau» so. Dennoch beweisen die Restaurants La Terrasse, Jungfrau Brasserie und La Pastateca, dass man Klassiker der französischen, schweizerischen und italienischen Küche zeitgemäss interpretieren, Gewohntes aufregend anders zubereiten kann. Etwa indem man eine Challans-Ente in zwei Gängen serviert – den einen traditionell, den anderen mit orientalischem Einschlag. Kasseler – normalerweise ein geräuchertes Schweinsrippenstück zu grünen Bohnen – ist im «Victoria-Jungfrau» ein Emmentaler Lamm, das mit dem Risotto aus dem Maggiadelta und den eingelegten schwarzen Nüssen ein überraschendes Gaumenerlebnis bietet.

**2 Brikteigblätter (aus dem Delikatessen-
geschäft)**
250 g Königskrabbenfleisch, leicht gezupft
200 g Tobicocreme (siehe Grundrezepte)
Zitronensaft

**Kräutersträusschen (Kerbel, Dill,
Schnittlauch, Rucola, Spinat)**
2 EL Champagnerdressing
**2 Papayas für Würfel und Relish (siehe
Grundrezepte)**
Salz, Pfeffer aus der Mühle

Tiefseekrabben in sämiger Tobicocreme mit Papaya-Relish

In Hokkaido konnte man sich die King
Crabs gleich auf der Strasse abkochen
lassen und mit nach Hause nehmen!
Frischer geht es nicht. Daraus sind viele
Gerichte entstanden, die mich auch
heute noch begleiten.

Die Brikteigblätter in vier Rechtecke
von 6 x 12 cm schneiden. Auf ein
mit Backpapier belegtes Blech legen
und mit einem zweiten Blech beschweren. Im vorgeheizten Ofen bei
180 Grad 10–15 Minuten backen.
Abgedeckt erkalten lassen.

Das Krabbenfleisch mit der Hälfte
der Tobicocreme anmachen und
mit Zitronensaft, Salz und Pfeffer abschmecken. Auf den Tellern in 4 rechteckige Formen (etwas kleiner als die
Brikteig-Rechtecke) füllen. 30 Minuten
kühl stellen und sich setzen lassen.
Die Formen von der Krabbenmasse
abheben, den Brikteig und die mit
dem Dressing angemachten Kräutersträusschen darauf anrichten. Je nach
Jahreszeit mit Blüten garnieren.
Mit Papaya-Relish, Tobicocreme und
Papaya-Würfeln ausgarnieren.

Hinweis:
Tobico nennt man den Rogen (die Eier)
des Fliegenden Fischs.

8 Jakobsmuscheln
Salz, Pfeffer aus der Mühle
4 kleine rote Chilis, frittiert, als Garnitur

Currycreme:
150 g Zwiebeln, gehackt
80 ml Erdnussöl
120 g Tomaten, gemixt
1 gestrichener Espressolöffel Chilipulver
½ Espressolöffel Kümmelpulver
1 TL Pfeilwurzpulver
1 Zweig Koriander, geschnitten
¼ Blatt Lorbeer
⅙ Stengel Zitronengras, klein geschnitten
50 ml heller Geflügelfond
100 g Joghurt nature
120 ml Kokosmilch
40 ml Rahm
50 g kalte Butter, in Würfeln (1 x 1 cm)
Salz

Kokosschaum:
30 ml Kokosmilch
10 ml Milch

Mango-Chili-Marmelade (siehe Grundrezepte)

Jakobsmuscheln mit
Currycreme und Mango-Chili-Marmelade

Die indische Küche hat mich in den letzten Jahren stark geprägt. Die Harmonie der Gewürze in einer einfachen Currysauce ist für jeden westlich geschulten Koch beeindruckend. Hier eine etwas vereinfachte Version der Currysauce.

Für die Currycreme die Zwiebeln im Erdnussöl anziehen, ohne Farbe annehmen zu lassen. Die Tomaten, Gewürze, Pfeilwurzpulver und Kräuter beigeben und auf kleiner Hitze leise köcheln lassen. Den Geflügelfond, den Joghurt und die Kokosmilch beigeben und weitere 20 Minuten köcheln lassen. Mixen und durch ein Sieb streichen. Mit Salz abschmecken, mit Rahm und Butterwürfeln verfeinern.

Die Zutaten für den Kokosschaum zusammen erwärmen und mit dem Milchschäumer aufschäumen.

Die Jakobsmuscheln würzen und kurz in einer nicht zu stark erhitzten Pfanne auf den Punkt garen.

Die Currysauce in die Mitte der Teller geben und die Jakobsmuscheln darauf anrichten. Die Mango-Chili-Marmelade daraufgeben und mit einer frittierten Chili garnieren.

Hummer-Gyoza mit Büffel-mozzarella-Tomaten

Ein klassischer «Cross Over»: Der
Italiener trifft den Asiaten auf der
Piazza Grande, und beide schwärmen
vom Besten aus dem eigenen Lande ...

Pesto-Tomaten:
4 Strauchtomaten mit Stiel
20 g Basilikumpesto (siehe Rezept Seite 170)
120 g Büffelmozzarella, in 12 Scheiben
geschnitten
Salz, Pfeffer aus der Mühle

Balsamico-Champagner-Dressing:
50 ml Balsamicokaramell (siehe Grund-
rezepte)
50 ml Champagner-Vinaigrette
(siehe Grundrezepte)
Salz, Pfeffer aus der Mühle

Hummer-Gyoza:
20 Gyoza Skins (aus dem Asienladen)
250 g Hummerfleisch, in Würfel
geschnitten
100 g Lachsfilet, in Würfel geschnitten
1 Aubergine, geschält, in Würfel
geschnitten und frittiert
etwas Butter
1 Schalotte, fein gehackt
50 ml Weisswein
1 TL gehackter Estragon
1 TL gehackter Basilikum
50 ml Doppelrahm

1 EL Gemüsefond
1 Handvoll Mesclun-Salat (Kräutersalat
je nach Saison)
frische Basilikumblätter als Garnitur

Die Tomaten waschen und waagrecht
in drei Scheiben schneiden. Die Scheiben
mit dem Pesto bestreichen, mit Salz
und Pfeffer würzen und abwechselnd
mit den Mozzarellascheiben wieder zur
ursprünglichen Form zusammensetzen.

Die Zutaten zum Dressing mischen.

Für die Gyoza Hummer und Lachs
in wenig Butter kurz anziehen lassen
(Hummer- bzw. Lachsfleisch sollen
nicht durchgegart sein), herausnehmen
und abkühlen lassen. Im Bratensatz
die Schalotte andünsten, mit dem
Weisswein ablöschen. Die Kräuter und
den Doppelrahm beigeben und alles
kurz zu einer schönen cremigen Masse
reduzieren. Mit dem Hummer, dem
Lachs und den frittierten Auberginen-
würfeln mischen.

Die Füllung auf die Gyoza Skins verteilen und darin einpacken: Dazu die
Ränder mit etwas Wasser befeuchten,
die Gyoza Skins zu einem Halbmond
über die Füllung schlagen und mit
Daumen und Zeigefinger der Rundung
entlang in Falten drücken. Die gefüllten
Gyoza auf dem Teppan-Grill oder in
der Grillpfanne mit etwas Gemüsefond
zugedeckt goldbraun braten.
Die Gyoza mit der gebratenen Seite
nach oben zusammen mit den Mozza-
rella-Tomaten auf den Tellern anrichten.
Den mit dem Dressing angemachten
Salat dazugeben. Mit Tupfern von
Balsamicokaramell und mit Basilikumblättern garnieren.

Tipps:
Balsamicokaramell ist ein cremeartig
eingedickter Balsamicoessig, der sich
besonders gut zum Ausgarnieren
eignet. Probieren Sie ihn aber auch einmal zum Marinieren von Früchten
oder sogar zu Glace!
Gyoza Skins sind dünne Teigrondellen
aus Reismehl; sie sind vorgeschnitten
im Asienladen erhältlich.

Moschuskürbis-Suppe
mit Scampi-Sashimi und Osciètre-Kaviar

«A perfect match» könnte man dieses Gericht auch nennen. Das luftig leicht aufgeschwungene, mit einem Hauch Wasabi parfümierte Kürbis-süppchen verleiht dem Gericht die nötige Schärfe, die das Sashimi aufs Beste ergänzt.

4 Scampischwänze, lauwarm (siehe Rezept Seite 40)
10 EL Zitronen-Olivenöl
1 Glas (28 g = 1 oz) Osciètre-Kaviar

Kürbissuppe:
300 g Moschuskürbis, geschält und entkernt gewogen
1 Schalotte
1 Stück (20 g) Ingwer
2 EL Olivenöl
35 g Butter
1 Sternanis
1 Prise Wasabipulver oder frisch geriebenes Wasabi
50 ml Weisswein
25 ml Noilly Prat (trockener Wermut)
½ l heller Geflügelfond
200 ml Rahm
100 g Crème fraîche
Salz, weisser Pfeffer aus der Mühle

Den Moschuskürbis schälen, halbieren, entkernen und in walnussgrosse Würfel schneiden. Schalotte und Ingwer schälen und in 1 cm grosse Würfel schneiden.
Olivenöl und Butter erhitzen. Kürbis, Schalotte, Ingwer und Sternanis darin etwa 5 Minuten andünsten. Das Wasabi beigeben, mit Weisswein und Noilly Prat ablöschen und einkochen, bis fast keine Flüssigkeit mehr vorhanden ist. Mit Geflügelfond und Rahm auffüllen und den Kürbis weich kochen. Die Suppe pürieren und durch ein feines Haarsieb streichen.

Inzwischen die Scampi nach dem Rezept Seite 40 zubereiten.

Die Suppe mit der Crème fraîche aufschwingen und verfeinern. Mit Salz und Pfeffer abschmecken.
Die Scampi auf Essstäbchen platziert zum Süppchen reichen.

Tipps:
Das aufgeschäumte Süppchen mit etwas kaltgepresstem Kürbiskernöl parfümieren und mit gerösteten Kürbiskernen vollenden.
Die Scampi-Sashimi kann man auch ohne Suppe zum Cocktail reichen (siehe Seite 40).

Rösti:

**200 g fest kochende Kartoffeln, am Vortag
gekocht und geschält
2 EL geklärte Butter
Salz, Pfeffer aus der Mühle
4 EL Sauerrahm
Osciètre-Kaviar
Schnittlauchhalme als Garnitur**

Die Kartoffeln mit der Röstiraffel
reiben.
Die Butter in einer Pfanne erhitzen und
die Kartoffeln darin portionenweise
goldgelb und knusprig braten.
Die Rösti auf Teller geben, je einen
Esslöffel Sauerrahm daraufgeben und
mit dem Kaviar vollenden. Mit Schnittlauchhalmen garnieren.

Osciètre-Kaviar
auf knuspriger Kartoffelrösti
mit Sour Cream

Das Schweizer Nationalgericht kennt
keine Grenzen und wird in diesem
Gericht mit dem «schwarzen Gold» des
Kaviars zu einer wahren Gaumen-
freude veredelt.

8 grüne Spargeln
etwas Butter

1 EL Butter
1 EL gewürfelte Schalotte
½ Knoblauchzehe, fein gehackt
200 g Eierschwämmchen (Pfifferlinge),
gesäubert
50 ml trockener Weisswein
200 ml Rahm
1 EL Crème fraîche
3 EL fein geschnittener Schnittlauch
Salz, weisser Pfeffer aus der Mühle

8 Seezungenfilets à ca. 80 g
½ unbehandelte Zitrone
1 Prise Salz
2 EL Olivenöl

60 ml kräftiger Fleischjus (siehe Grundrezepte)
Schnittlauchhalme als Garnitur

Seezunge mit Eierschwämmchen und Spargeln

Die ersten Pilze der Saison zusammen mit Spargeln. Dieses Gericht läutet den Frühling ein.

Die Spargeln etwa 14 cm lang schneiden (grüne Spargeln müssen nicht geschält werden) und in Salzwasser mit wenig Butter auf den Punkt garen. Warm stellen.

Die Butter in einem Topf erhitzen. Schalotte und Knoblauch darin andünsten. Die Eierschwämmchen dazugeben und mitdünsten, mit Salz und Pfeffer würzen. Mit dem Weisswein ablöschen und diesen einkochen, bis fast keine Flüssigkeit mehr vorhanden ist. Mit dem Rahm auffüllen, die Crème fraîche hinzufügen und alles zu einer cremigen Konsistenz einkochen. Zum Schluss den Schnittlauch dazugeben.

Die Seezungenfilets mit Zitronensaft beträufeln und salzen. In einer be-schichteten Pfanne im Olivenöl beid-seitig goldgelb braten. Herausnehmen und auf Haushaltspapier entfetten. Den Jus erhitzen.
Auf vorgewärmte Teller jeweils ein See-zungenfilet, darauf zwei grüne Spargeln und 1½ Esslöffel Eierschwämmchen-ragout geben und mit einem zweiten Seezungenfilet bedecken. 2–3 Eier-schwämmchen obenauf setzen und die Teller mit den Schnittlauchhalmen und dem Jus garnieren.

4 Hummerschwänze (Rock Lobster)
300 g asiatische Nudeln (Ramen)
nach Belieben Bouillon oder asiatischer
Kräutersud (Rezept Seite 122)
60 g Kefen, blanchiert
6 frische Shiitake, in Streifen geschnitten
2 TL Chilisauce
2 TL salzige Sojasauce
Erdnuss- und Sesamöl

8 Salat-Chrysanthemenblätter, gezupft
1 EL Chinesische Bocksdornbeeren (aus dem
Asienladen), eingeweicht

Rock Lobster auf Ramen-Nudeln

Die im Dezember und Januar erhält-
liche südafrikanische Languste
(Rock Lobster, Afrikanische oder Rote
Languste) ist die für dieses Gericht
bevorzugte Hummerart.

Die Hummerschwänze ausbrechen und
jeden in vier gleichmässige Medaillons
schneiden.

Die Nudeln in Bouillon, Kräutersud
oder Wasser gar kochen, abgiessen und
abtropfen lassen. Warm halten.

Die Hummermedaillons in wenig
heissem Erdnussöl kurz anbraten, aus
der Pfanne nehmen und warm stellen.
Kefen und Shiitake in der gleichen
Pfanne kurz schwenken, die Hummermedaillons beigeben, mit der Chilisauce
beträufeln und durchschwenken.
Die Sojasauce hinzufügen und mit ein
paar Tropfen Sesamöl parfümieren.

Die Nudeln in der Mitte der Suppen-
teller anrichten. Das Hummer-
ragout mit dem Gemüse daraufgeben.
Mit Chrysanthemenblättern und
Bocksdornbeeren ausgarnieren.

Tipps:
Die Salat-Chrysantheme (Crysan-
themum coronarium) ist in der asiatischen Küche als aromatisches Gemüse,
als Salatzutat und als Garnitur beliebt.
Dieses Gericht kann man auch sehr
gut mit dem asiatischen Kräutersud
von Seite 122 servieren. Dazu den
Kräutersud mitsamt der Garnitur in die
Bodum-Kaffeekanne füllen, abpressen
und den Sud vorsichtig in die Suppen-
teller giessen.

**600 ml klarer Hummerfond (siehe Grund-
rezepte)**
1 cm frischer Ingwer, geschält, geschnitten
2 rote Chilischoten, entkernt
10 Koriandersamen
10 Fenchelsamen
12 grüne Pfefferkörner, abgewaschen
½ Zimtstange
½ Tahiti-Vanilleschote
1 EL Sesamöl

Garnitur:
je 1 Zweig Kerbel, Dill und Estragon
4 Cherrytomaten, ganz
**je etwas Schale einer unbehandelten
Zitrone und Orange**
4 Zweige Zitronengras, frittiert
4 Kaffir-Limettenblätter
Hummerkarkassen, zerkleinert, geröstet

Asiatischer Kräutersud

Eine in der Art des Servierens und im
Geschmack etwas andere Consommé.

Alle Zutaten zum Kräutersud bis
vors Kochen bringen und 10 Minuten
ziehen lassen.
Die Garnitur dazugeben und in Gläsern
oder Tassen anrichten.

Tipp:
Soll nur der würzige Sud allein weiterverwendet werden, den Kräutersud mitsamt der Garnitur in die Bodum-Kaffeekanne füllen, abpressen und den Sud
vorsichtig abgiessen.

Rindsfilet an grüner und weisser Pfeffersauce

Der Klassiker schlechthin. Einfach in der Zusammensetzung, verlangt dieses Gericht viel Aufmerksamkeit in den Details. Die Küchenweisheit trifft auch hier zu: Je einfacher das Gericht, umso wichtiger die sorgfältige Umsetzung.

650 g Rindsfilet (Mittelstück), pariert
3 EL Olivenöl
Salz, schwarzer Pfeffer aus der Mühle

Weisse Pfeffersauce:
10 g weisse Pfefferkörner
Öl
½ Stange Staudensellerie, fein gewürfelt
¼ Stange Lauch, weisser Teil, fein gewürfelt
¼ Karotte, geschält, fein gewürfelt
½ Schalotte, fein gewürfelt
¼ Knoblauchzehe, fein gehackt
1 kleiner Zweig Rosmarin
1 kleiner Zweig Thymian
1 EL Olivenöl
2 EL Weisswein
60 ml Geflügelfond
40 ml Rahm
1 EL Crème fraîche
2 EL Doppelrahm
Cayennepfeffer, etwas Zitronensaft

Grüne Pfeffersauce:
1 TL feine Speckwürfel
1 TL gewürfelte Schalotte
10 g Butter
1 TL frischer grüner Pfeffer
200 ml roter Portwein
100 ml Cognac
100 ml Kalbsjus

50 g Trüffel-Nuss-Tapenade (siehe Seite 70)

Das Rindsfilet in 4 gleich grosse Filetsteaks schneiden. Mit Salz und frisch gemahlenem Pfeffer würzen und im heissen Öl nach gewünschter Garstufe braten.

Für die weisse Pfeffersauce den Pfeffer in Öl schwimmend bei 140 Grad etwa 20 Minuten frittieren.
Die fein gewürfelten Gemüse zusammen mit den Kräuterzweigen im nicht zu heissen Öl langsam anschwitzen, ohne dass sie Farbe annehmen. Den Pfeffer dazugeben, mit dem Weisswein ablöschen und mit Geflügelfond auffüllen. Das Ganze auf etwa 2 Esslöffel einkochen. Den Rahm dazugeben und kurz mitkochen, dann den Doppelrahm beifügen und kurz mitköcheln. Mit Cayennepfeffer und Zitronensaft abschmecken. Die Sauce durch ein Sieb passieren und vor dem Servieren nochmals kurz aufschäumen.

Für die grüne Pfeffersauce Speck und Schalotte in der Butter anziehen, den Pfeffer beigeben und kurz mitdünsten. Mit Portwein und Cognac ablöschen, flambieren und einreduzieren. Den Kalbsjus dazugeben und einmal gut durchköcheln lassen.

Das Rindsfilet aufschneiden und mit einer Beilage nach Wahl anrichten. Etwas Tapenade auf das Fleisch geben und mit den beiden Pfeffersaucen vollenden.

Tipp:
Für einen Kartoffelzylinder wie auf dem Bild werden grosse Kartoffeln geschält und auf dem Gemüsehobel (Mandoline) zu langen Fäden (Spaghetti) geschnitten. Ein eingeöltes Metallrohr von etwa 5 cm Durchmesser und 10 cm Länge mit Backpapier umwickeln und dieses einölen. Die Kartoffelspaghetti dicht, sodass keine Löcher entstehen, um das Metallrohr wickeln und in der Fritteuse bei 160 Grad goldgelb frittieren. Mit einem Tuch (das Rohr ist heiss!) die Kartoffelröhre sofort vorsichtig abziehen (sonst bricht der Kartoffelmantel). Leicht salzen und auf Haushaltspapier entfetten. Die Kartoffelröhre mit Kartoffelpüree füllen (siehe Grundrezepte).

Challans-Ente, konfitiert
und gebraten, in zwei Gängen

Eines unserer Paradebeispiele aus dem
«La Terrasse». Küchenchef Mike gibt
der klassischen Küche einen modernen
asiatischen «Touch».

**Für 2 Personen, für 2 Tarteletteformen
(ca. 7 cm Durchmesser)**

1 Ente (2 Keulen und 2 Brüste)

2 EL Meersalz
5 Lorbeerblätter
20 schwarze Pfefferkörner, zerdrückt
250 g Entenfett
etwas einreduzierter Entenjus
**40 g Röstgemüse (Lauch, Karotten,
Sellerie), fein gewürfelt**
10 g Entenleber, gewürfelt
140 g Blätterteig, ausgerollt
1 Eigelb, verklopft

6 Medaillons Entenleber à 10 g
80 g gemischter Salat
**Champagner-Vinaigrette (siehe Grund-
rezepte)**

Für den ersten Gang
Die Entenkeulen mit der Gewürz-
mischung aus Meersalz, Lorbeerblättern
und Pfefferkörnern einreiben und
1 Stunde marinieren.
Die Entenkeulen mit einem Tuch abreiben. Im Entenfett bei etwa 90 Grad
im Backofen etwa 2½ Stunden weich
garen. Herausnehmen, die Haut ablösen
und diese nochmals in der Pfanne
knusprig braten, dann klein hacken.
Das Entenfleisch vom Knochen lösen
und mit etwas einreduziertem Entenjus, der Gemüse-Brunoise, 10 g ge-
würfelter Entenleber und der knusprig
gebratenen Haut vermischen. Abkühlen
lassen.
Aus dem Blätterteig 2 Rondellen von
etwa 7 cm Durchmesser ausstechen, in
die Tarteletteformen geben, den Boden
mit einer Gabel einstechen und die
Entenfleischfüllung gleichmässig in die
Tartelettes verteilen. Den Teigrand mit
Eigelb bestreichen und den Teigdeckel
daraufgeben, ebenfalls mit Eigelb
bestreichen. Die Törtchen im Ofen bei
200 Grad 14 Minuten goldgelb backen.

Die Entenleber-Medaillons mit Salz
und Pfeffer würzen, in einer erhitzten
Bratpfanne 3 Minuten braten, auf
einen Teller geben und mit Haushaltspapier abtupfen.

Den Salat mit dem Champagnerdressing anmachen.
Die Törtchen aus der Form nehmen,
in die Mitte der Teller geben, rund
herum den Salat anrichten. Auf jeden
Teller 3 Entenleber-Medaillons geben.
Die Teller nach Belieben mit Tupfern von
Balsamicokaramell (siehe Seite 213)
garnieren.

140 g asiatische Eiernudeln
80 g Gemüse (rote und gelbe Peperoni/
Paprika, Lauch, Shiitakepilze),
in lange feine Streifen geschnitten
6 grüne Thai-Spargeln oder feine Wild-
spargeln
Sesamöl
100 ml Asia Sauce (siehe Grundrezepte)
Salz, Pfeffer aus der Mühle

150 ml Entenjus
1 Orange, ausgelöste Filets

Für den zweiten Gang

Die restliche Ente so zerteilen, dass nur
noch die Entenbrüste an der Karkasse
sind. Diese bei 180 Grad im Ofen anbraten und etwa 12 Minuten unter
wiederholtem Begiessen mit dem ausgetretenen eigenen Fett garen. Mit
Alufolie abdecken und etwas ruhen
lassen.

Die asiatischen Eiernudeln in reichlich
Salzwasser al dente kochen, abschütten.
Die Gemüsestreifen und die Thai-
Spargeln in etwas Sesamöl anziehen
lassen, bis sie bissfest sind. Die
abgetropften Eiernudeln dazugeben
und mit der Asia Sauce mischen
und abschmecken.
Den Entenjus erhitzen, die Orangen-
filets dazugeben und erwärmen.

Die Gemüsenudeln in tiefen Pasta-
tellern anrichten. Die Entenbrüste von
der Karkasse lösen, längs aufschneiden
und auf die Nudeln geben. Mit dem
Orangen-Entenjus überziehen. Nach
Belieben mit glatter Petersilie und
Koriander ausgarnieren.

Tipp:
In der Restaurantküche gibt man
die Entenkarkasse in eine Presse und
gewinnt so nochmals etwas kräftigen,
konzentrierten Saft, der zum Jus
kommt.

100 ml Chardonnay
100 ml Sauternes
100 ml weisser Portwein
90 g Zucker
7 Eigelb (150 g)
125 g Torta de Baros

Chardonnay, Sauternes, Portwein, Zucker
und Eigelbe in eine Schüssel geben
und über dem heissen Wasserbad
(70 Grad) mit dem Schneebesen zu
einem Sabayon aufschlagen.
Den Baros-Käse mit dem Stabmixer
einmixen. Die Masse durch ein feines
Haarsieb streichen und in der Eismaschine gefrieren lassen.
Vom Eis Kugeln abstechen, auf gekühlte
Teller setzen und daneben etwas
flüssigen Käse geben. Schwarzen Pfeffer
darübermahlen – und geniessen.

Torta-de-Baros-Eiscreme

Torta de Baros ist ein spanischer
Schafskäse, der mit Disteln zur Ge-
rinnung gebracht wird. Im Restaurant
La Terrasse servieren wir jeweils als
Tagesempfehlung einen Käse zusam-
men mit hausgemachtem Senf oder
Tapenade. Hie und da wagen wir auch
mal etwas Verrücktes wie diese Käse-
Eiscreme. Den Gästen schmeckt es!

125 g **Gänseleber**
½ TL **Salz**
1–2 EL **Portwein**
½ EL **Cognac**
200 ml **Sauternes**
100 ml **weisser Portwein**
90 g **Zucker**
7 **Eigelb (150 g)**
1 Prise **Chilispäne**

Gänseleber-Eiscreme

Eine Gänseleber-Vorspeise oder
ein Zwischengericht mit dem gewissen
Etwas. Eine Eiscreme, nicht ganz
jugendfrei, aber vom Feinsten …

Die Gänseleber mit Salz, Portwein
und Cognac 30 Minuten marinieren.
Die marinierte Gänseleber in eine
Schüssel geben und im Wasserbad
(35 Grad) erwärmen.
Sauternes, weissen Portwein, Zucker
und Eigelbe in einer zweiten Schüssel
über dem Wasserbad (70 Grad) mit
dem Schneebesen zu einem Sabayon
aufschlagen.
Die aufgelöste Gänseleber (es befinden
sich auch noch Stücke darin) mit dem
Stabmixer unter den Sabayon mixen.
Die Masse durch ein feines Haarsieb
streichen und in der Eismaschine gefrieren lassen. Die Chilispäne unter die
gefrorene Eiscreme rühren.

Tipps:
Eignet sich sehr gut als Pre-Dessert
oder zu Spargeln.
Ganz edel: mit Trüffel-Sabayon oder ge-
schabter Grand-Cru-Bitterschokolade
servieren.
Die rezeptierte Menge ist nötig, um
die Masse in der Eismaschine zu einem
sämigen Eis gefrieren zu können.
Für Zubereitung ohne Eismaschine die
Mengen halbieren und die Masse
beim Einfrieren immer wieder mit dem
Stabmixer durchrühren.

150 ml Vollrahm
4 EL Arabica-Kaffeebohnen
70 g Bitterschokolade bester Qualität
(Valrhona Equatorial, erhältlich
im Delikatessengeschäft)
4 EL Tia Maria (Kaffeelikör)
10 g kandierte Orangen

Die Kaffeebohnen 5 Minuten im
Rahm köcheln und anschliessend
20 Minuten ziehen lassen. Durch ein
Sieb abgiessen. Die zerbröckelte
Schokolade dazugeben und glatt
rühren. Den Likör beigeben, in kleine
Gläser füllen und nach Belieben
mit Haselnuss-Biscotti (Rezept Seite
136) servieren.

Schokoladen-Shooter

Ein Pre-Dessert, dessen Aufgabe ist, das
Verlangen nach mehr zu wecken …

150 g ganze Haselnüsse
2 Eier
180 g Zucker
200 g Mehl
3 g Backpulver
40 g Kakaopulver
wenig Vanillemark, aus der Schote aus-
gekratzt
wenig Muskatnuss
120 g Sultaninen

Haselnuss-Biscotti

Die Haselnüsse 20 Minuten in reichlich
Wasser kochen, abschütten.
Eier und Zucker aufschlagen. Mehl,
Backpulver, Kakaopulver und die
Gewürze daruntermischen. Zuletzt die
Sultaninen und die Haselnüsse beigeben, sodass sie nicht zermalmt werden und ganz bleiben.
Den Teig zu Baguette-Form ausrollen
und leicht flach drücken. Im vorgeheizten Backofen bei 160 Grad 25 Minuten backen. Auskühlen lassen, dünn
aufschneiden und im Ofen austrocknen
lassen.

Whisky-Eiscreme:
½ l Milch
125 g Zucker
½ Vanilleschote
4–5 Eigelb (50 g)
40 ml Whisky

Ganache:
150 g dunkle Bitterschokolade
75 ml Vollrahm
nach Belieben 2 EL Jamaika-Rum

Orangen-Butter-Sauce:
3 Orangen, Saft
100 g Butter, kalt
20 g Zucker

Wontonteig (aus dem Asienladen)
Eigelb, verklopft
Frittieröl
Puderzucker

2 Babybananen
50 g Rohrzucker

Bitterschokoladen-Wonton
mit karamellisierter Babybanane

Einfach, aber (leider) kalorienreich.

Für die Eiscreme Milch, Zucker und die Vanilleschote zusammen aufkochen. Die Eigelbe beigeben und alles bis kurz vors Kochen bringen, bis die Creme leicht angedickt auf einem Löffelrücken liegen bleibt (beim Daraufblasen bilden sich Wellen). Die Creme durch ein Sieb abgiessen, den Whisky beigeben und die Masse in der Eismaschine gefrieren lassen.

Für die Ganache die Schokolade zerbröckeln. Den Rahm aufkochen, über die Schokolade giessen und glatt rühren. Nach Belieben mit Jamaika-Rum parfümieren.

Für die Sauce den Orangensaft aufkochen und zur Hälfte einkochen. Die kalte Butter einrühren. Durch ein Sieb abgiessen und nach Geschmack mit Zucker abschmecken.

Mit dem Spritzsack wenig Ganache auf die Teigvierecke geben, den Rand mit Eigelb bestreichen und zusammenfalten.
Die Wontons in der nicht zu heissen Frittüre knusprig goldbraun frittieren. In eine Schüssel mit Puderzucker geben und warm halten.

Die Banane schälen, der Länge nach halbieren und mit Rohrzucker karamellisieren.
Die Wontons auf die Bananen geben und mit der Buttersauce und der Eiscreme anrichten.

Kalbsbacken:
4 grosse Kalbsbacken, Knochenhäute
vom Metzger entfernt
1 Karotte
½ Sellerieknolle
2 Nelken
1 Lorbeerblatt
10 schwarze Pfefferkörner
½ EL Salz

Quitten-Vinaigrette:
125 ml Rapsöl
75 ml Weissweinessig
50 ml Quittensirup (siehe Grundrezepte)
½ EL Senf
Salz, weisser Pfeffer aus der Mühle

200 g Tomaten-Focaccia-Brot, am besten
vom Vortag (siehe Grundrezepte)
100 g Stangensellerie, gerüstet
3 EL fein geschnittener Schnittlauch
60 g Kräuterschaum (siehe Grundrezepte)
Schnittlauchhalme als Garnitur

Kalbsbacken, gehobelt, an Quitten-Vinaigrette und Kräuterschaum

Anstelle des bekannten Siedfleischs wird die Kalbsbacke, ein Schlacht- nebenprodukt, wieder neu entdeckt. Mit der Quittenvinaigrette, der natürlichen Schärfe des Schnittlauchs und dem luftigen Kräuterschaum ein modernes Brasserie-Gericht.

In einem grossen Topf 2 Liter Wasser zum Kochen bringen, die Kalbsbacken, Karotte, Sellerie und die Gewürze beige- ben und leicht köcheln lassen. Sobald das Fleisch weich gegart ist, vom Herd ziehen und im Sud auskühlen lassen.

Alle Zutaten zur Vinaigrette in einen Mixbecher geben und kräftig durchmi- xen, mit Salz und Pfeffer abschmecken.

Das Focaccia-Brot in dünne, lange Scheiben schneiden und bei 50 Grad im Backofen trocknen lassen.

Die ausgekühlten Kalbsbacken der Länge nach auf der Aufschnittmaschine oder mit einem scharfen Messer hauch- dünn schneiden. Den Stangensellerie ganz fein schneiden.
Kalbsbacken, Stangensellerie, Schnitt- lauch, Salz und Pfeffer mit einem Teil der Vinaigrette mischen. Auf Tellern anrichten. Die Focaccia-Scheiben ab- wechselnd mit Kräuterschaum auf- schichten. Mit Schnittlauchhalmen aus- garnieren.

1 Stange Lauch, gerüstet
2 mittelgrosse Kartoffeln, geschält
1 weisse Zwiebel
25 g Butter
100 ml Weisswein
1 l Gemüsefond oder -bouillon
200 ml Vollrahm
pro Person ca. 5 Scheiben Mostbröckli vom
Damhirsch, hauchdünn gehobelt
Salz, weisser Pfeffer aus der Mühle

Lauch als Heu und als Suppe
mit Mostbröckli vom Damhirsch

Das bei uns verwendete Mostbröckli stammt vom Bürgenstock. Als wir den Produzenten besuchten, war der ganze Berg eine einzige Heuwiese. Daher die Idee, den Lauch in Form von knusprigem Heu als Suppengarnitur zu servieren.

Vom grünen Ende des Lauchs für das «Heu» zweimal 10 cm abschneiden und der Länge nach in hauchdünne Streifen (Julienne) schneiden. In Salzwasser blanchieren und sofort in Eiswasser abkühlen (um die grüne Farbe zu erhalten).
Die Lauchstreifen gut ausdrücken und in der Fritteuse bei 140 Grad frittieren. Auf Haushaltspapier geben und im 50 Grad warmen Ofen trocknen lassen, bis sie schön knusprig sind.

Den weissen Teil des Lauchs klein schneiden und gut waschen. Die geschälten Kartoffeln und die Zwiebel ebenfalls klein schneiden.
Die Butter in einem Topf schmelzen und darin bei mittlerer Hitze den Lauch und die Zwiebel andünsten.
Die Kartoffeln beigeben und kurz mitdünsten. Mit dem Weisswein ablöschen, mit der Gemüsebouillon auffüllen und mit Salz und Pfeffer leicht würzen. Das Gemüse weich kochen und im Mixer pürieren. Durch ein feines Sieb streichen, den Rahm beigeben und nochmals aufkochen. Nochmals mit Salz und Pfeffer abschmecken.
Die Suppe vor dem Anrichten kurz mit dem Stabmixer aufmixen, sodass sie schön schaumig ist, und anrichten. Lauchheu und Mostbröckli separat dazu servieren, sodass sich jeder selbst bedienen kann.

480 g Bio-Wollschweinfilet, pariert
2 EL Erdnussöl
200 ml Kalbsjus
4 EL süsssaure Kirschen (siehe Grundrezepte)

Mirepoix:
2 Karotten, geschält, längs halbiert, schräg
in Stücke geschnitten
2 Pfälzerkarotten, geschält, längs halbiert,
schräg in Stücke geschnitten
3 Stangen Sellerie, gerüstet, längs halbiert,
in Stäbchen geschnitten
½ Knolle Sellerie, geschält, in Schnitze
geschnitten
2 Frühlingszwiebeln, längs halbiert, das
Grüne in Röllchen geschnitten
1 EL Bratbutter
Salz, weisser Pfeffer aus der Mühle

frische Lorbeerzweige als Garnitur

Filet vom Wollschwein
mit Schmorgemüse und süss-sauren Kirschen

Das Urschwein neu entdeckt. Im
freiburgischen Schwarzenburgerland
auf dem Biohof glücklich aufgewach-
sen, verbringt es hie und da etwas Zeit
auf unserer Karte, sprich in unserem
Angebot. Küchenchef Ramon verwendet
es gerne ganz einfach mit einem
Mirepoix, damit sein Eigengeschmack
voll zur Geltung kommt.

Das vorbereitete Gemüse in reichlich
Salzwasser dreiviertel weich garen,
abgiessen und in Eiswasser abkühlen
(nicht im Wasser liegen lassen).

Das Schweinsfilet würzen und im
heissen Öl rundherum anbraten.
Zusammen mit dem Gemüse bei
160 Grad im Ofen je nach Dicke etwa
15 Minuten garen. Das Fleisch aus dem
Ofen nehmen, mit Alufolie zudecken
und 5 Minuten ruhen lassen.
Das Gemüse langsam weiter schmoren,
bis es schön goldgelb ist. Wichtig:
Das Gemüse muss bei sanfter Hitze geschmort werden, damit seine natürliche
Süsse zur Geltung kommt. Leicht
salzen. Das Gemüse herausnehmen.
Überschüssiges Fett abgiessen. Den
vom Fleisch abgesetzten Saft, den
Kalbsjus und die Kirschen zum Bratfond
geben, kurz aufkochen lassen und
glatt rühren.
Das Gemüse auf Tellern anrichten,
den Jus in der Mitte des Gemüses einlaufen lassen. Das aufgeschnittene
Filet daraufgeben. Die Kirschen um das
Filet streuen. Mit einem frischen
Lorbeerzweig garnieren.

Seeforelle, temperiert, auf Kartoffel-Gersten-Risotto

Um diesem feinen Fisch gerecht
zu werden, wählen wir eine besonders
schonende Art der Zubereitung:
Er wird bei 80 Grad langsam glasig gegart.

4 Seeforellenfilets mit Haut à 140 g
4 EL Rosmarinöl
Salz, weisser Pfeffer aus der Mühle

Kartoffel-Gersten-Risotto:
½ Zwiebel, gehackt
100 g verschiedene Gemüse, gerüstet,
gewürfelt
½ Knoblauchzehe, gehackt
1 EL Olivenöl
100 g Rollgerste
200 ml Gemüsebrühe
80 g Süsskartoffel, in Würfel geschnitten,
kurz blanchiert
1 Handvoll geriebener Parmesan
40 g Butter in Würfeln

Liebstöckelcreme:
40 ml Muschelfond (siehe Grundrezepte)
2 Champignons, fein geschnitten
2 EL Rahm
2 EL Sauerrahm
2 Zweige Liebstöckel, fein gehackt

Liebstöckelblätter als Garnitur

Für den Kartoffel-Gersten-Risotto
die Zwiebel und die Gemüsewürfel mit
dem Knoblauch im Olivenöl andünsten.
Die Rollgerste beigeben und mitdünsten. Mit der Gemüsebrühe auffüllen.
Die Süsskartoffelwürfel beigeben und
alles langsam weich kochen.
Den Parmesan und die Butterwürfel
beigeben, durchschwenken und mit
Salz und Pfeffer abschmecken.

Für die Liebstöckelcreme den Muschelfond mit den Champignons aufkochen,
mit Rahm und Sauerrahm binden.
Den fein gehackten Liebstöckel beigeben und die Sauce gut durchmixen,
damit sie eine schöne mintgrüne Farbe
erhält. Durch ein Sieb streichen und
mit Salz und Pfeffer abschmecken. Vor
dem Servieren schaumig mixen.

Die Seeforellenfilets mit etwas Salz
im Rosmarinöl kurz marinieren. Heraus-
heben, würzen und mit der Hautseite
nach oben auf eine gebutterte Platte
legen. Mit Alufolie abdecken und für
10–12 Minuten in den 80 Grad heissen
Backofen geben. Ziehen lassen, bis das
Fleisch schön glasig ist. Die Haut der
Forelle zur Hälfte ablösen und aufrollen.
Die Seeforellenfilets auf dem Gersten-
Risotto anrichten. Mit der Liebstöckel-
sauce umgeben und mit Liebstöckel-
blättern garnieren.

Tipp:
Mit Süsskartoffel-Chips (siehe Grundrezepte) ausgarnieren.

Simmentaler Kalbshaxe,
geschmort, auf geröstetem Kartoffelsalat mit Kräuterschaum

Der Geschmack und die Zartheit der Haxe rechtfertigen die lange Garzeit. Der geröstete Kartoffelsalat mit der Vinaigrette und dem Espuma runden dieses einfache Gericht ab.

1,4 kg Kalbshaxe, Sehnen und Haut rundherum leicht eingeritzt
Salz, Pfeffer aus der Mühle, Paprika
2 EL Sonnenblumenöl
1 Karotte, geschält, in walnussgrosse Würfel geschnitten
½ kleine Sellerieknolle, geschält, in walnussgrosse Würfel geschnitten
2 Zwiebeln, geschält, in walnussgrosse Würfel geschnitten
2 Knoblauchzehen, geschält, halbiert
20 g Tomatenpüree
100 ml Weisswein
je 1 Zweig Rosmarin und Thymian
600 ml brauner Kalbsfond
1 EL Stärkemehl, mit 5 EL Weisswein angerührt
Salz und Pfeffer aus der Mühle

Konfitierte rote Zwiebeln:
2 rote Zwiebeln, geschält, Wurzeln daranlassen
2 EL Olivenöl
1 Prise Salz
1 Prise Zucker
2 Zweige Thymian

Gerösteter Kartoffelsalat:
400 g neue Kartoffeln
1 Bund glatte Petersilie, gehackt
5 EL Olivenöl
3 EL weisser Balsamicoessig
2 EL Bratbutter
3 EL Gemüsewürfelchen (Lauch, Karotte, Sellerie)

4 Markknochen, gesäubert, blanchiert
60 ml Kräuterschaum (siehe Grundrezepte)

Die Kalbshaxe würzen und im heissen Öl rundherum leicht anbraten. Aus der Pfanne nehmen. In derselben Pfanne Karotte, Sellerie, Zwiebeln und Knoblauch etwa 5 Minuten langsam braun rösten. Das Tomatenpüree dazugeben und etwa 2 Minuten leicht mitrösten, mit dem Weisswein ablöschen, die Kräuter einlegen und den Fond sirupartig einkochen.
Die Haxe wieder hineingeben, mit dem braunen Kalbsfond auffüllen und zugedeckt im Ofen bei 160–170 Grad 2–2½ Stunden weich schmoren; dabei öfter mit dem Fond begiessen.

Die Zwiebeln längs halbieren und in je 5 Schnitze schneiden. Auf ein mit Backpapier belegtes Blech legen. Mit dem Olivenöl beträufeln und mit Salz, Zucker und Thymianblättchen bestreuen. Im 80 Grad heissen Backofen rund 1½ Stunden konfitieren.

Für den Kartoffelsalat die Kartoffeln waschen und in Salzwasser drei Viertel weich kochen, abgiessen und halbieren. Die Petersilie mit dem Olivenöl und dem Balsamicoessig vermischen.

Wenn die Haxe weich ist, aus dem Schmorfond nehmen und das Fleisch vom Knochen lösen. Die entstandene Sauce durch ein Haarsieb passieren, nochmals aufkochen, entfetten und mit dem in Weisswein angerührten Stärkemehl auf die gewünschte Dicke binden. Die Sauce mit etwas Salz und Pfeffer abschmecken. Die ausgelöste Haxenfleisch wieder in die fertige Sauce legen und nochmals kurz erwärmen.

Die Kartoffeln in der Bratbutter bei mittlerer Hitze hellbraun braten. Zuletzt die Gemüsewürfelchen und die Kräuter beigeben, kurz durchschwenken, in einer Schüssel mit dem Petersiliendressing mischen und abschmecken.

Den gerösteten Kartoffelsalat und die konfitierten Zwiebeln in der Mitte der Teller anrichten. Das Haxenfleisch dazulegen, mit der Sauce beträufeln und mit reichlich gehackten Gartenkräutern bestreuen. Den Kräuterschaum in die Markknochen spritzen, diesen dazulegen. Sofort servieren.

Kasseler vom Emmentaler Lamm auf Risotto mit schwarzen Nüssen

Ein sehr schönes Gericht, das einfach zu kochen ist. Der Aufwand liegt allein in der langen Vorbereitung und der Veredelung des Fleisches. Die schwarzen Nüsse, im Juni grün geerntet, haben ebenfalls einen langen Arbeitsprozess hinter sich, bis sie verwendet werden können.

1 kg Emmentaler Lammkarree
2 EL Sonnenblumenöl
Salz, Pfeffer aus der Mühle

Marinade:
1 daumenbreites Stück Ingwer (10 g), geschält, gehackt
1 Knoblauchzehe, gehackt
1 kleine Schalotte, gehackt
2 Zweige Thymian
2 Zweige Rosmarin
2 TL Korianderkörner
2 Lorbeerblätter
20 g Nitrit-Pökelsalz
50 ml Weisswein

200 ml Lammjus (siehe Grundrezepte)
1 Schuss Balsamicoessig
Salz, weisser Pfeffer aus der Mühle

Risotto:
½ Zwiebel, fein gehackt
1 EL Sonnenblumenöl
200 g Tessiner Risottoreis
200 ml Weisswein
400 ml Gemüsefond
2 schwarze Nüsse (siehe Grundrezepte), klein gewürfelt
1 EL Nussöl
60 g Butter
3 Handvoll geriebener Sbrinz
20 Blätter Rucola

Alle Zutaten zur Marinade mischen und das Lammkarree darin über Nacht marinieren. Danach beim Metzger schwach räuchern lassen.
Das Öl in einer grossen feuerfesten Bratpfanne erhitzen. Das Lammkarree mit Salz und Pfeffer würzen und im heissen Öl rundherum scharf anbraten. Die Hitze reduzieren und das Fleisch mit der Pfanne in den auf 180 Grad vorgeheizten Backofen schieben. Unter mehrmaligem Übergiessen mit dem eigenen Fett 12–14 Minuten braten.
Aus dem Ofen nehmen und zugedeckt ruhen lassen, dabei von Zeit zu Zeit wenden, um eine gleichmässige Wärmeverteilung zu erreichen.
Den Bratensatz mit wenig Weisswein auflösen und durch ein Sieb passieren. Den Lammjus beigeben und mit dem Balsamicoessig abrunden. Mit Salz und Pfeffer abschmecken.

Für den Risotto die Zwiebel im heissen Öl glasig dünsten. Den Reis beigeben und kurz mitdünsten. Mit dem Weisswein ablöschen und mit dem Gemüsefond auffüllen. Einmal aufkochen lassen, dann die Hitze reduzieren und den Reis unter ständigem Rühren dreiviertel weich kochen. Die Nüsse und das Nussöl beigeben. Sobald der Reis weich ist, die Butter und den Sbrinz dazugeben und so lange schwenken, bis der Risotto schön cremig ist. Mit Salz und Pfeffer abschmecken.
Den Risotto in tiefen Tellern anrichten, das Lamm aufgeschnitten darauflegen und mit dem Jus umgiessen. Mit feinen Rucolablättern garnieren.

Brasserie-Käse

«Weniger ist mehr», so lässt sich der Käsewagen der «Jungfrau Brasserie» am besten umschreiben. Darauf finden sich sieben bis acht Sorten Kuhmilch-, Ziegen- und Schafskäse. Wichtig ist uns, auch Rohmilchkäse anzubieten. Die ausgewählten Käsespezialitäten werden von unserem Maître Fromager liebevoll bei der Reifung begleitet. Dazu werden hausgemachte Kräuteröle, Quittensenf, marinierte Feigen und verschiedene knusprige Beilagen gereicht: Rotweinfeigen, Röteli-Birnen, Süssholzhonig, eingemachte Zwetschgen, Quittensenf, Brasserie-Knusperchips, Bödeli-Grissini, Kräuteröl.

Eingelegte Rotweinfeigen

15 frische Feigen
4 EL Rohrzucker
300 ml Rotwein (Merlot)
100 ml Portwein
¼ Zimtstange
1 Sternanis
½ Lorbeerblatt

Den Rohrzucker karamellisieren,
Rotwein, Portwein und die Würzzutaten
dazugeben und alles aufkochen.
Die Feigen rundherum mit einem Holz-
spiess einstechen, in den Sud geben
und diesem nochmals kurz bis vors
Kochen bringen. Die Feigen im Fond erkalten lassen.

Tipp:

Für eine dicke Sauce die Feigen heraus-
heben und den Fond zu melasseartiger
Konsistenz einkochen. Die halbierten
Feigen mit der Schnittseite in die Sauce
tauchen.

Quittensenf

1 Quitte
½ TL Senfkörner
200 g Senf
Salz, Zucker, Zitronensaft

Die Quitte schälen und mit wenig Wasser und einer Prise Zucker zugedeckt
weich kochen, pürieren (es sollte etwa
100 g Püree ergeben).
Die Senfkörner trocken anrösten und
zerstossen. Mit dem Senf und dem
Quittenpüree mischen. Mit Salz, Zucker
und Zitronensaft abschmecken.

Süssholzhonig

1½ kg Blütenhonig
250 g Süssholz (Apotheke, Drogerie oder Reformhaus)

Den Honig im Wasserbad erwärmen.
Das Süssholz mit einem Fleischklopfer
zerstossen, in ein Einmachglas geben
und mit dem Honig auffüllen. 14 Tage
an einem sonnigen Ort stehen lassen.

1 Apfel, geschält, entkernt, in ½ cm dicke
Scheiben geschnitten
2 Aprikosen, halbiert, entsteint
1 Rhabarberstange, abgezogen und in
4 cm lange Stücke geschnitten
20 Kirschen mit Stengel und Blatt

Holunder-Eiscreme:
80 ml Rahm
80 ml Milch
2 Eigelb
80 ml Holundersirup

Backteig:
100 g Mehl
Salz
3 EL Zucker
1 TL Vanillezucker
⅓ Tasse Wasser
3 Eigelb und 3 Eiweiss
1 EL Essig
1 EL Olivenöl
2 EL gemahlene Mandeln
½ unbehandelte Zitrone, Zesten

Öl zum Frittieren
Puderzucker
Minze und Holunderblüten als Garnitur

Frittierte Gartenfrüchte mit Holunderblüteneis

Schon als Kinder waren für uns die Apfelküchlein von der Grossmutter ein Genuss. Wir erweitern und variieren dieses alte Hausrezept durch zusätzliche Früchte der Saison. Dazu gibt es eine Holunderblüten-Eiscreme; den Sirup dazu machen wir schon seit Jahren selber ein.

Für das Eis Rahm und Milch aufkochen, die Eigelbe beigeben und bis vors Kochen bringen, bis die Masse leicht angedickt auf dem Löffelrücken liegen bleibt (beim Daraufblasen bilden sich Wellen). Den Holundersirup beigeben und die Masse in der Eismaschine gefrieren lassen.

Die Zutaten zum Backteig mischen und etwas ruhen lassen. Die vorbereiteten Früchte durch den Backteig ziehen und im heissen Frittieröl goldgelb ausbacken.
Mit dem Puderzucker bestäuben und mit dem Holundereis anrichten. Mit Minze und Holunderblüten garnieren.

1 Baguette
1 Knoblauchzehe
2 EL Olivenöl
8 Strauchtomaten, geviertelt, entkernt,
gewürfelt
1 Frühlingszwiebel, das Weisse fein gehackt,
das Grüne in Ringen
1 Prise Zucker
1 EL Olivenöl
reifer alter (dreijähriger) Parmesan
Salz, schwarzer Pfeffer aus der Mühle

Tomaten-Bruschetta mit reifem Parmesan

Bruschetta, der klassische italienische
Appetithappen, ist in der «Pastateca»
immer beliebt – mit einem guten
Olivenöl und etwas Rucola als Vorspeise
oder einfach so zu einem guten Glas
Wein.

Das Baguette in 1 cm dicke Scheiben
schneiden, mit dem Knoblauch einreiben, mit dem Olivenöl beträufeln und
im 180 Grad heissen Ofen kurz toasten.
Die Tomatenwürfel mit der gehackten
Frühlingszwiebel, Salz, Pfeffer, Zucker
und Olivenöl mischen. Den Knoblauch
dazupressen oder fein gehackt daruntermischen. Die Frühlingszwiebelringe
dazugeben und gut abschmecken.
Die getoasteten Baguettescheiben
auf einen Teller geben, mit der Tomaten-
mischung belegen und zum Schluss
den Parmesan darüberhobeln.

Tipp:
Etwas Rucola daruntergemischt gibt
der Bruschetta einen feinen, leicht
bitter-nussigen Geschmack.

1 l Milch, wenn möglich unpasteurisiert

1 EL Butter

½ Zwiebel, fein geschnitten

50 g Lauch (weisser Teil), fein geschnitten

½ Knoblauchzehe (ohne Keim), zerdrückt

2 mittelgrosse mehlig kochende
Kartoffeln, geschält

600 ml Gemüsefond

100 ml Vollrahm

Salz, Pfeffer aus der Mühle

200 ml Milch für den Milchschaum

4 EL Lachskaviar

1 Zweig Majoran

Latte di patate mit Lachskaviar

Das Einreduzieren von Milch wird in der indischen Küche für die Herstellung von Süssspeisen verwendet. Während Stunden wird die Milch sanft zu einer pastenähnlichen Konsistenz eingekocht. Ihr einmalig intensiver Geschmack eignet sich vortrefflich dazu, mit Kartoffeln zu einer sämigen Suppe verarbeitet zu werden, die hier einmal als «Latte» im Glas serviert wird.

Die Milch langsam auf kleinster Hitze etwa 1 Stunde zu einer Paste einkochen. (Achtung: Aufpassen, dass die Milch nicht anbrennt, regelmässig rühren.) Die Butter erhitzen und das Gemüse darin anziehen, ohne Farbe annehmen zu lassen. Mit dem Fond und der eingekochten Milch auffüllen, und alles langsam weich kochen. Mixen und durch ein Sieb streichen. Mit dem Rahm, Salz und Pfeffer verfeinern. Die 200 ml Milch erwärmen und mit dem Stabmixer oder einem Cappuccino-Schaummixer aufschäumen. Den Boden von hohen Gläsern mit Lachskaviar bedecken, mit der Suppe langsam bis zur Hälfte füllen und zuletzt mit dem Milchschaum auffüllen.

Tipps:
Als Beilage passen hausgemachte Kartoffel-Chips (siehe Grundrezepte). Im Sommer kann die Suppe auch kalt serviert werden.

Limettenrisotto:
1 EL Olivenöl
½ Zwiebel, fein gehackt
240 g Risottoreis
200 ml Weisswein
400 ml Gemüsefond
1 EL eingelegte Limetten (siehe Grund-
rezepte), klein gewürfelt
60 g Butter
3 Handvoll geriebener Parmesan
Salz, weisser Pfeffer aus der Mühle

4 Kalbssteaks à 120 g
1 EL Olivenöl extra vergine
3 EL Marsala
etwas Butter, kalt
8 Scheiben Parma-Rohschinken, dünn
geschnitten
300 ml Kalbsjus
1 unbehandelte Limette

Kalbssteak, glasiert, auf Limettenrisotto mit Rohschinken

Die puristische Küche ist mehr denn je gefragt. Einfache Grundprodukte, aber vom Besten. Dies ist ein Beispiel dafür.

Das Olivenöl in einer Pfanne erhitzen und die gehackte Zwiebel darin glasig dünsten. Den Reis beigeben und mitdünsten. Mit dem Weisswein ablöschen und mit dem Gemüsefond auffüllen. Leicht salzen, aufkochen und bei mittlerer Hitze unter ständigem Rühren weich garen. Wenn der Risotto al dente ist, die eingelegten Limetten, Butter und Parmesan beigeben und durchschwenken, bis der Risotto schön sämig ist. Mit Salz und Pfeffer abschmecken.

Die Kalbssteaks würzen und beidseitig im Olivenöl kurz anbraten. Den Bratensatz mit dem Marsala ablöschen, etwas kalte Butter beigeben und aufschäumen lassen. Die Steaks darin kurz glasieren, herausnehmen und warm stellen. Den Kalbsjus dazugiessen, erhitzen und durch ein Sieb passieren.

Den Risotto in der Mitte der Teller anrichten, die glasierten Schnitzel darauflegen. Mit dem Jus umgiessen oder diesen separat dazu servieren. Den Rohschinken locker auf das Fleisch legen und das Gericht mit frisch abgeriebener Limette «parfümieren».

Spaghetti-Plausch
oder Montags-Lunch in der «Pastateca»

Die Italiener stehen Spalier auf dem Höhenweg …

Trapanese

10 Strauchtomaten, geviertelt, entkernt
4–5 Knoblauchzehen, fein gehackt
1 Handvoll gehobelte Mandeln, trocken hellbraun geröstet
200 ml Olivenöl
½ Bund Basilikum, fein geschnitten
Salz, Pfeffer aus der Mühle, Zucker

Die Tomaten würfeln, mit dem Knoblauch mischen. Die erkalteten gerösteten Mandelblättchen leicht zerbröseln und zu den Tomaten geben. Das Olivenöl dazugiessen und mit Salz, Pfeffer und Zucker abschmecken. Am Schluss den Basilikum daruntermischen. Nicht kalt stellen! Diese Sauce wird nicht gekocht.

Pesto

4 EL Pinienkerne
2 Bund Bärlauch oder Basilikum, Blätter grob gehackt
150 ml Olivenöl
4 EL geriebener Parmesan
Salz, weisser Pfeffer aus der Mühle

Die Pinienkerne mit den Bärlauch- oder Basilikumblättern im Cutter fein hacken. In eine Schüssel geben und langsam das Olivenöl einrühren. Mit Salz und Pfeffer abschmecken. Zuletzt den geriebenen Parmesan daruntermischen.

Rindfleisch-Sugo

300 g Rindshuftdeckel
2 EL Bratbutter
4 Tranchen geräucherter Speck, in feine Streifen geschnitten
1 Karotte, geschält klein gewürfelt
1 Zwiebel, klein gewürfelt
1 Knoblauchzehe, gehackt
2 EL Tomatenpüree
125 ml Weisswein
250 ml Fleischbouillon
Salz, schwarzer Pfeffer aus der Mühle, scharfer Paprika
2 Stangen Sellerie, gerüstet, in Scheiben geschnitten

Das Fleisch in 1 x 1 cm grosse Würfel schneiden.
Die Bratbutter in einem Topf erhitzen und den Speck darin langsam anbraten. Die Fleischwürfel dazugeben und rundherum anbraten. Die Gemüsewürfel und das Tomatenpüree beigeben, kurz mitbraten, mit dem Weisswein ablöschen und mit der Bouillon aufgiessen. Umrühren und mit Salz, Pfeffer und Paprika würzen. Das Ganze einmal aufkochen, dann bei 160 Grad im Ofen zugedeckt etwa 1 Stunde schmoren lassen. Öfter umrühren.
Wenn das Fleisch fast weich ist, den Stangensellerie beigeben und für weitere 15 Minuten im Ofen mitgaren.

Zitronen-Lammragout

250 g Lammfleisch (Keule)
100 g Frühstücksspeck
2 EL Olivenöl
1 Zwiebel, fein gehackt
125 ml Weisswein
250 ml Gemüsebouillon
½ Zitrone, unbehandelt, abgeriebene Schale
3 EL Sauerrahm
4 EL Zitronensaft
Salz, Pfeffer aus der Mühle, Muskatnuss

Das Lammfleisch und den Speck in kleine Würfel schneiden.
Das Olivenöl in einer Pfanne erhitzen. Fleisch und Speck darin etwa 5 Minuten anbraten. Die Zwiebel dazugeben und kurz mitbraten. Mit dem Weisswein ablöschen und mit der Gemüsebouillon auffüllen. Mit Salz, Pfeffer, Muskat und der abgeriebenen Zitronenschale würzen und alles 10 Minuten leise köcheln lassen.
Den Sauerrahm mit dem Zitronensaft verrühren, unter das Ragout rühren und weitere 10 Minuten köcheln lassen. Nochmals abschmecken.

Crevettensauce

300 g Riesencrevetten ohne Schale
1 EL Olivenöl
½ Zwiebel, fein gehackt
½ Knoblauchzehe, fein gehackt
125 ml Weisswein
125 ml Gemüse- oder Fischfond
125 ml Vollrahm
1 Bund Schnittlauch, fein geschnitten
Salz, weisser Pfeffer aus der Mühle

Die Riesencrevetten in haselnussgrosse
Stücke schneiden.
Das Olivenöl in einer Pfanne erhitzen,
die Crevetten darin scharf anbraten
und sofort herausnehmen. Zwiebel
und Knoblauch in derselben Pfanne bei
mittlerer Hitze andünsten. Mit dem
Weisswein ablöschen und mit Fond und
Rahm auffüllen. Mit Salz und Pfeffer
würzen und köcheln lassen, bis die
Sauce eine leicht cremige Konsistenz
hat. Die Crevetten beigeben und nur
nochmals kurz bis vors Kochen bringen.
Mit dem Schnittlauch bestreuen und
abschmecken.

Kartoffel-Gnocchi mit Safransauce und konfitierten Cherrytomaten

Gnocchi haben von jeher einen festen Platz im kulinarischen Angebot des «Victoria-Jungfrau». Hier die Version aus der «Pastateca»-Küche.

Gnocchi:
500 g fest kochende Kartoffeln, geschält
250 g Mehl
2 Eier
Salz, weisser Pfeffer aus der Mühle, Muskatnuss

20 Cherrytomaten
200 ml Olivenöl
2 Knoblauchzehen, in Scheiben geschnitten
je 1 Zweig Thymian und Rosmarin, abgezupfte Blätter

Safransauce:
1 haselnussgrosses Stück Butter
1 Zwiebel, gehackt
125 ml Weisswein
250 ml Gemüsefond
125 ml Vollrahm
1 Msp. Safranpulver
Salz, weisser Pfeffer aus der Mühle, Zucker

reifer Parmesan, gerieben

Die Kartoffeln achteln und in Salzwasser weich kochen. Abschütten und ausdampfen lassen. Die Kartoffeln pürieren (Passe-vite). Mehl, Eier, Salz, Pfeffer und Muskatnuss beigeben und alles zu einem glatten Teig verkneten. Falls der Teig zu feucht ist, wenig Mehl nachgeben. Den Teig auf einer mit Mehl bestäubten Arbeitsfläche zu Rollen von 3 cm Durchmesser formen. Mit einem Messer 2 cm lange Stücke abschneiden. Die Teigstücke über die Zinken einer Gabel rollen, um ihnen das typische Muster zu geben. Die Gnocchi auf ein mit Mehl bestäubtes Tuch geben.

Die Cherrytomaten unten einschneiden, kurz in kochendes Wasser tauchen und die Haut nach oben abziehen, jedoch nicht ganz entfernen. Die Tomaten in eine kleine Form geben, mit Olivenöl, Salz, Pfeffer, Zucker, dem Knoblauch und den Kräutern im 80 Grad heissen Ofen etwa 1 Stunde ziehen lassen.

Die Gnocchi in heissem Salzwasser ziehen lassen, bis sie obenauf schwimmen (nicht kochen).

Für die Sauce die Butter in einer Pfanne zergehen lassen, die Zwiebel darin andünsten. Mit dem Weisswein ablöschen und mit Fond und Rahm auffüllen. 5–6 Minuten köcheln lassen, dann Safran, Salz und Pfeffer beigeben und nochmals aufkochen.

Die Gnocchi mit einer Lochkelle aus dem Wasser heben und mit der Sauce mischen. Nochmals mit Salz und Pfeffer abschmecken. In Tellern anrichten und mit den konfitierten Cherrytomaten garnieren und mit frisch gehobeltem Parmesan bestreuen.

Filoteig-Böden:
5 Blätter Filoteig (aus dem Delikatessen-
geschäft)
100 g geklärte Butter
100 g Zucker
200 g Vanille-Kuvertüre, flüssig

Parfait:
3 EL Zucker
2 Eigelb
2 EL Maraschino
70 g Torrone-Nougat, fein gehackt
140 ml Rahm

Gewürzaprikosen:
8 reife Aprikosen, halbiert, entsteint
1 Nelke
½ Zimtstange
½ Vanilleschote
1 Zweig Basilikum
3 EL Blütenhonig
3 EL Zitronensaft
200 ml Wasser

Torroneparfait in knusprigem
Filoteig mit Gewürzaprikosen

Den Filoteig in Rechtecke schneiden
und jeweils drei Lagen, mit flüssiger
Butter bestrichen, aufeinanderlegen.
Über umgedrehte Tarteletteformen
legen und die Ränder aussen mit Zucker
bestreuen. Bei 200 Grad im vorgeheizten Ofen kurz goldbraun backen. Aus
dem Ofen nehmen und erkalten lassen.
Den Boden der Teigförmchen in die
Vanille-Kuvertüre tauchen, auf Perga-
mentpapier absetzen und trocknen
lassen.

Für das Parfait Zucker und Eigelbe
schaumig rühren. Nach und nach
Maraschino, Nougat und Rahm unterheben. Die Masse in Formen derselben
Grösse wie der Innendurchmesser
der Filoteigböden füllen und gefrieren
lassen.

Für die Gewürzaprikosen alle Zutaten
zusammen aufkochen und die Aprikosen darin ziehen lassen (der Sud soll
nicht mehr kochen).
Kurz vor dem Servieren das Torrone-
parfait aus der Form lösen und
in den Filoteigboden setzen. Mit den
Gewürzaprikosen garnieren.

Tipp:
Etwas ausgelöstes gemixtes Passions-
fruchtfleisch auf das Parfait geben.

Spa – zwischen zwei Seen entspannen und geniessen

Der Magen entscheidet wesentlich über Wohlgefühl und Wohlbefinden. Wer zwar gut essen, seine Leistungsfähigkeit aber zugleich durch besonders gesunde und energiereiche Nahrung unterstützen will, für den hält das «Victoria-Jungfrau» die «Spa-Cuisine» bereit. Sie basiert auf Rezepten, die leicht und dennoch schmackhaft sind und eine grosse Sensibilität im Umgang mit den «Lebens-Mitteln» aufzeigen. Wie bei allen Rezepten in diesem Buch verlangt die Arbeit am Herd zwar eine gewisse Präzision, aber auch jenes situativ-elastische Feingefühl in der Dosierung von Aromen und Gewürzen, die ein Gericht erst spannungsvoll macht. Deshalb rät das Küchenteam des «Victoria-Jungfrau», sich nicht sklavisch an die Rezeptvorschläge zu halten, sondern experimentierfreudig auszuprobieren, einzelne Zutaten je nach Jahreszeit auszutauschen und die Kraft eigener Ideen nicht zu unterschätzen.

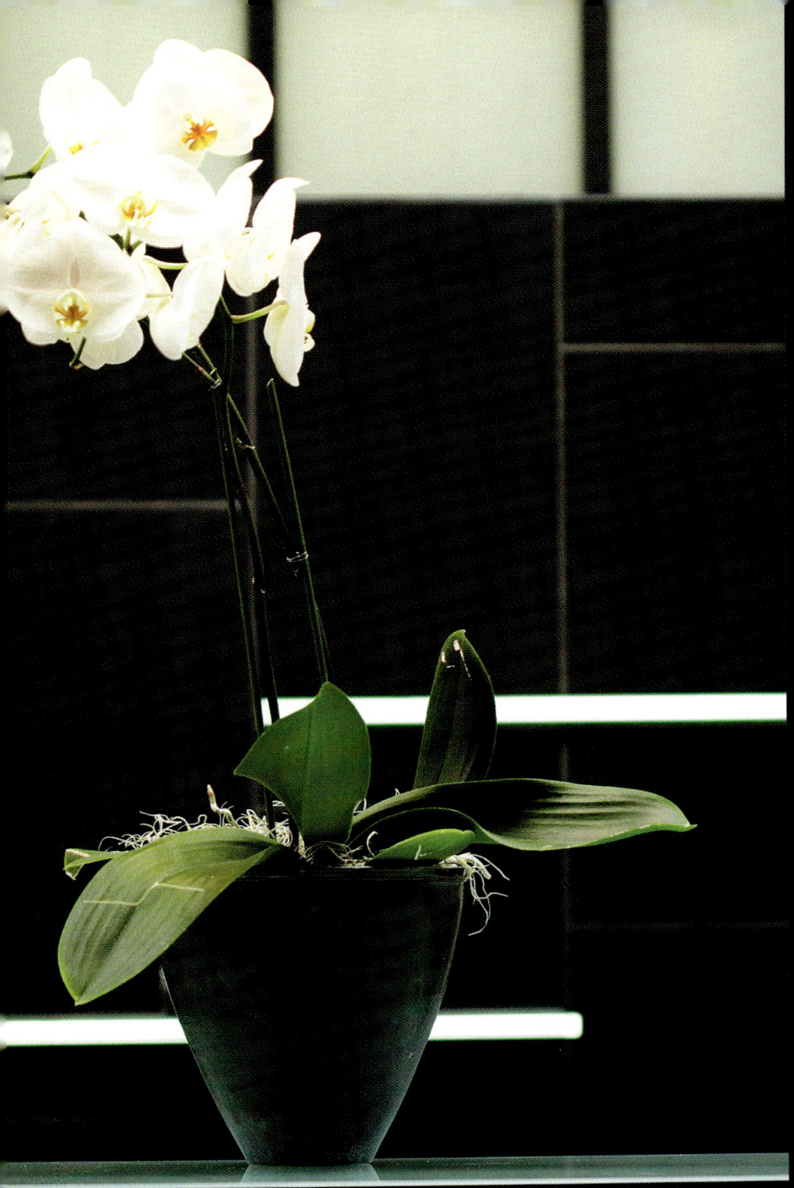
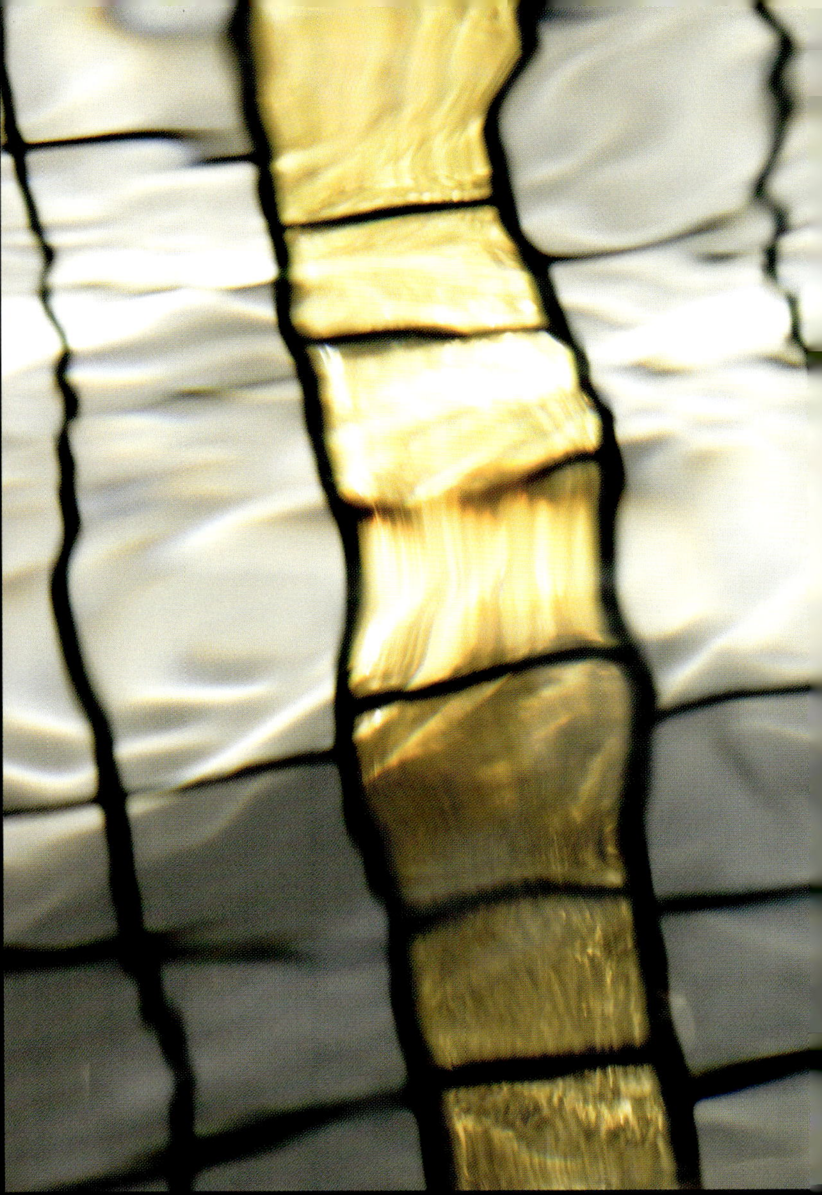
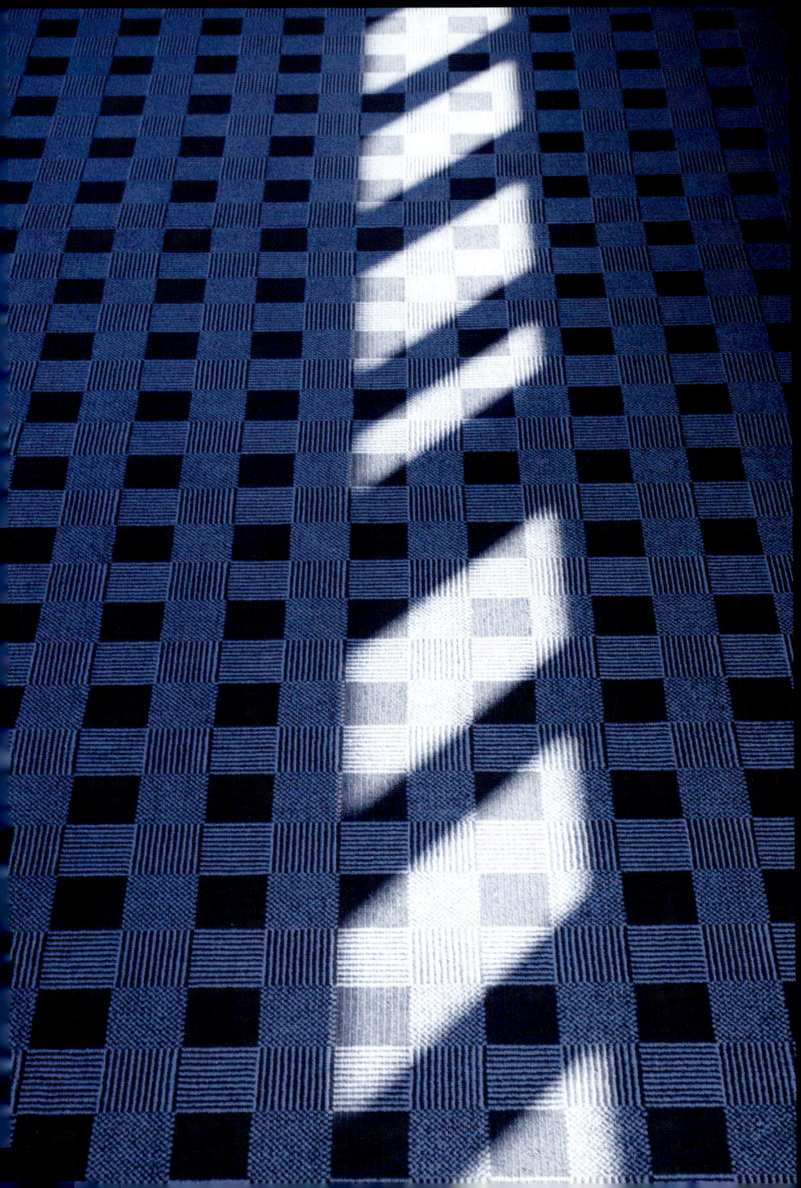
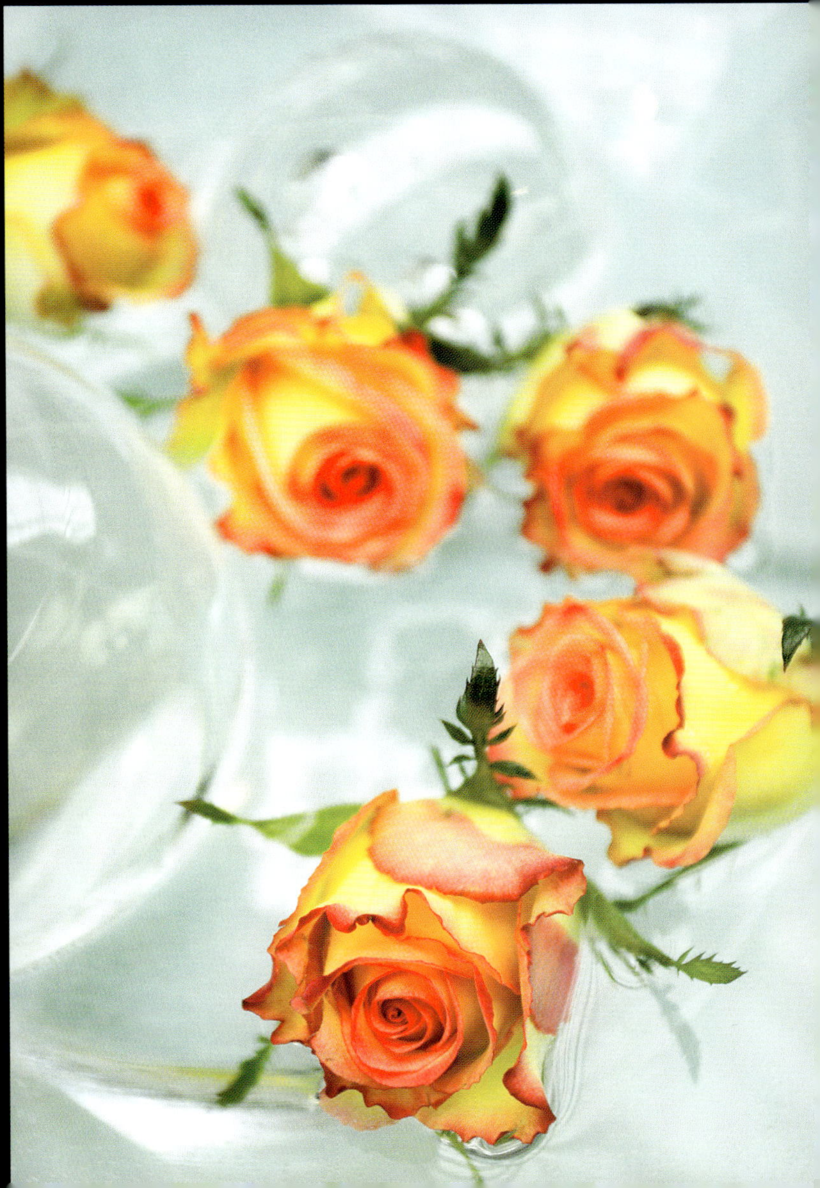

Lachs-Rillette auf Friséesalat mit Champagner-Vinaigrette

Eine wunderbare sommerliche Vorspeise. Dieses Rezept begleitet mich seit nunmehr dreizehn Jahren. Das erste Mal habe ich es anlässlich eines Kochkurses in Tokio serviert. Das Feedback der Teilnehmer war so gut, dass es seither aus meiner Rezeptkartei nicht mehr wegzudenken ist.

90 g frischer Lachs ohne Haut und Gräten
1 Bouquet garni (Lorbeer, Thymian, Petersilie)
1 kleine Frühlingszwiebel, fein geschnitten
1 kleine Schalotte, fein geschnitten
35 g geräucherter Lachs, in kleine Würfel geschnitten
1 Eigelb
25 g gesalzene Butter, weich
1 TL Zitronen-Olivenöl
einige Tropfen Limonensaft
1–2 EL fein geschnittener Schnittlauch
20 g Joghurt nature
1 Prise Salz
schwarzer Pfeffer aus der Mühle

zarter gelber Friséesalat

Den frischen Lachs mit dem Bouquet garni, der Frühlingszwiebel und der Schalotte in leicht gesalzenem Wasser 5 Minuten bei 80 Grad pochieren. Den Lachs im Fond auskühlen lassen; dazu den Topf auf Eis stellen, um den Prozess zu beschleunigen. Den Lachs auf einem Tuch oder auf Haushaltspapier abtropfen lassen, dann mit einer Gabel zerdrücken.

Den geräucherten Lachs mit dem pochierten frischen Lachs, dem Eigelb, der Butter, Olivenöl, Limonensaft, Schnittlauch und dem Joghurt verrühren. Mit Salz und Pfeffer abschmecken.

Mit einem Esslöffel schöne Klösschen abstechen und mit dem Friséesalat anrichten. Dazu Toastbrot oder ein Croûton reichen.

Tipp:
Kann auch als Belag auf Canapés oder in Form eines Mille-feuille angerichtet werden.

Das Bouquet garni ist ein Kräuter- oder Gewürzsträusschen, meist bestehend aus Petersilie, Thymian, Lorbeerblatt, zusätzlich oft auch Selleriegrün und Knoblauch, das zum Würzen in Suppen, Fonds, Brühen oder Saucen mitgekocht und vor dem Servieren wieder entfernt wird.

Tatar:

240 g roher Lachs, fein gewürfelt

4 Riesencrevetten (Black Tiger Prawns),
gekocht, fein gewürfelt

2 EL fein geschrittener Schnittlauch

1 Limette, Saft

2 EL Zitronen-Olivenöl

Meersalz, schwarzer Pfeffer aus der Mühle

8 Riesencrevetten (Black Tiger Prawns)
Olivenöl
gelber Friséesalat als Garnitur
120 ml Wakame-Sauce (siehe Grundrezepte)
4 Nori-Tuiles (siehe Grundrezepte)

Lachs-Crevetten-Tatar an
Wakame-Sauce mit Nori-Tuile

Gesundheit aus dem Meer: Lachs
mit seinem hohen Gehalt an gesunden
Omega-3-Fettsäuren wird hier kombi-
niert mit einer Algenvinaigrette.
Dieses Gericht kommt bei unseren
Gästen so gut an, dass wir es öfter auch
in unser Spa-Angebot nehmen.

Den Lachs und die Riesencrevetten
mit Schnittlauch, Limettensaft und
Olivenöl mischen, mit Salz und Pfeffer
abschmecken. In Metallringe von
6 cm Durchmesser füllen und 20 Minuten sich setzen lassen.

Die Riesencrevetten in einer nicht
zu heissen Pfanne in wenig Olivenöl in
etwa 2 Minuten auf den Punkt garen.

Das Tatar auf den Tellern anrichten
und je 2 Riesencrevetten daraufsetzen.
Mit dem Friséesalat garnieren, mit
der Wakame-Sauce beträufeln und kurz
vor dem Servieren die Nori-Tuiles
dazugeben. Sofort servieren.

Tipp:
Auf Eis serviert wirkt das Tatar noch
frischer.

200 g Kalbsfilet, pariert
2 EL schwarzer Pfeffer, zerstossen
2 EL Sonnenblumenöl
Salz

Ponzu-Sabayon:
50 ml Ponzu-Vinaigrette (siehe Grund-
rezepte)
1 Eigelb
Salz, weisser Pfeffer aus der Mühle

2 EL Sesamöl
Fleur de sel
Rettichsprossen als Garnitur
1 EL Sesam, geröstet

Tataki vom Kalbsfilet
mit Ponzu-Sabayon und Rettichsprossen

Bei uns würde man dieses Gericht
ein gebratenes Carpaccio nennen. Das
Marinieren und kurze Anbraten gibt
dem Fleisch mehr Geschmack und
macht es auch einfacher zu schneiden.

Das Kalbsfilet salzen und im zerstosse-
nen schwarzen Pfeffer «panieren».
Das Öl erhitzen und das Fleisch darin
schnell von allen Seiten anbraten.
Auf Haushaltspapier legen und kühl
stellen.

Für den Sabayon die Vinaigrette
mit dem Eigelb mischen und über dem
heissen Wasserbad aufschlagen, bis
er als cremig-dickes Band vom Schneebesen fällt. Mit Salz und Pfeffer abschmecken. Warm stellen.

Das Kalbsfilet in 3 mm dicke Scheiben
schneiden und auf den Tellern anrichten. Die einzelnen Scheiben mit
dem Sesamöl bestreichen und mit etwas Fleur de Sel bestreuen. Die Rettichsprossen als kleine Bündel darauf anrichten. Den Ponzu-Sabayon rund
um dass Fleisch träufeln und alles mit
dem gerösteten Sesam bestreuen.

Tipp:
Die natürliche Schärfe des Rettichs hat
die Aufgabe, den Gaumen zu reinigen
und zu desinfizieren. Dieses Verfahren
wird in Asien häufig angewendet,
um sich beim Genuss roher Speisen vor
Bakterien zu schützen. Ausserdem
ergänzt der Rettichgeschmack dieses
Gericht vorzüglich.

Zwiebelmarmelade:
250 g rote Zwiebeln, fein geschnitten
1 TL Olivenöl extra vergine
1 gestrichener EL Zucker
1 Lorbeerblatt
½ Nelke
200 ml Rotwein (Merlot)
Salz, Pfeffer aus der Mühle

2 Mangos, geschält, vom Stein
geschnitten
4 TL Olivenöl extra vergine

Thai-Mango mit roter Zwiebelmarmelade

Eine frische Mango ist immer gut als
Zwischenverpflegung oder nach einem
Spa-Besuch. Mit einer Zwiebelmarme-
lade und ein paar Tropfen Olivenöl
wird die Frucht zu einem pikanten
Häppchen.

Für die Marmelade die Zwiebeln im
Olivenöl anziehen. Die Gewürze beigeben und mit dem Wein ablöschen.
Rund 30 Minuten leicht köcheln lassen
und dabei zu einer schönen Marme-
ladenkonsistenz einkochen. Mit Salz
und Pfeffer abschmecken.

Die Mango aufschneiden, zu einem
Fächer drücken und je einen Esslöffel
Zwiebelmarmelade daraufgeben.
Mit dem Olivenöl beträufeln.

Tipp:
Der Zwiebelmarmelade nicht zu viel
Zucker beigeben, da die Zwiebel bereits
natürliche Süsse besitzt.
Sollte etwas von der Marmelade
übrig bleiben kann man es gut verschlossen einige Tage im Kühlschrank
aufbewahren. Passt auch gut zu
kaltem Fleisch.

1 reife Avocado
250 ml Eiswasser
50 g Zucker
50 ml Kokosnusscreme
2 EL Kondensmilch

Marinierte Grapefruitfilets:
1 rosa Grapefruit
1 EL Zitronensaft
1 TL Rohrzucker
1 TL rosa Pfeffer, nur die Schale der Körner
1 EL Zitronen-Olivenöl
schwarzer Pfeffer aus der Mühle
1 Zweig Basilikum, Blättchen in Streifen
geschnitten

Basilikumsago:
1 EL Basilikumsamen (aus dem Asienladen)
etwas Joghurt nature

Avocadosuppe mit Grapefruit-Rillette und Basilikumsago

Das Spa-Dessert schlechthin: erfrischend leicht, mit etwas Basilikum-sago angereichert, kühlt es den Körper und unterstützt die Verdauung.

Zunächst die Grapefruit schälen, die Filets auslösen, dabei den Saft auf-fangen. Mit allen anderen Zutaten bis auf das Basilikum mischen und 1 Stunde bei Raumtemperatur ziehen lassen. Das Basilikum am Ende bei-geben.

Für den Basilikumsago die Basilikum-samen in Eiswasser einweichen, bis sie schön aufgequollen sind. Vor der Ver-wendung absieben und abtropfen lassen.

Die Avocado schälen (sie muss weich und schön zartgrün sein). Mit dem Eis-wasser, Zucker, Kokosnusscreme und Kondensmilch zu einer homogenen Suppe mixen.
Die Suppe in tiefen Tellern anrichten, die marinierten Grapefruitfilets in die Mitte geben und mit den Basilikum-samen und etwas Joghurt ausgarnie-ren.

Tipp:
Es ist wichtig, die Grapefruitfilets ge-nügend lange zu marinieren, damit sich das Fruchtaroma mit den Würzaromen verbindet und sich so der besondere Geschmack entwickeln kann, der die-sem einfachen, aber erfrischenden Dessert die Krone aufsetzt.

4 Doradenfilets, entgrätet, à 130 g

Salz, Pfeffer aus der Mühle

Zitronensaft

4 EL Olivenöl

Barbecue-Tomaten-Sauce:

750 g Pflaumentomaten (San Marzano)
am Zweig

140 g rote Zwiebeln, gehackt

1 EL Olivenöl

1 EL Tomatenmark

1 TL Salz

60 g Rohrzucker

Zitronensaft

3 rote Peperoncini, halbiert, entkernt

etwas Tomatenconcassé (siehe Grundrezepte)

schwarzer und grüner Basilikum als
Garnitur

Dorade auf Barbecue-Tomaten-Sauce

Die Tomatensauce schmeckt am besten, wenn die Tomaten auf dem Holzkohlengrill geröstet werden. Zusammen mit einem weissen Fisch ein leichtes und bekömmliches Sommergericht.

Für die Sauce die Tomaten auf dem Grill rösten, bis die Haut eine dunkle Farbe angenommen hat.
Die Zwiebeln im Olivenöl glasig dünsten, alle anderen Zutaten einschliesslich der Tomaten beigeben und 20 Minuten leicht köcheln lassen. Mixen, durch ein Sieb streichen und wenn nötig nochmals einkochen lassen.

Die Fischfilets mit Salz, Pfeffer und Zitronensaft kurz marinieren. Im heissen Öl zuerst auf der Hautseite braten, bis diese schön knusprig ist. In der Pfanne wenden und im Ofen in 2 Minuten fertig garen.
Die Doradenfilets auf der Barbecue-Tomaten-Sauce anrichten, je einen Löffel Tomatenconcassé daraufgeben und mit schwarzem und grünem Basilikum garnieren.

8 mittelgrosse Tomaten, gehäutet
1 EL Salz
1 EL Zucker
1 Knoblauchzehe, gehackt
400 ml Olivenöl
Fleur de sel, schwarzer Pfeffer aus der Mühle
100 g Sbrinz, gehobelt
nach Belieben Basilikum, frisch gezupft

Strauchtomaten, konfitiert, mit reifem Sbrinz

Durch das langsame Schmoren im Ofen in feinem Olivenöl verliert die Tomate viel von ihrem Wassergehalt, ohne zu verkochen, und erhält dadurch einen besonders intensiven Geschmack.

Die Tomaten mit Salz und Zucker würzen und mit dem Knoblauch bestreuen. Einzeln in Porzellanförmchen setzen, mit dem Olivenöl übergiessen und im Ofen bei 100 Grad 1–2 Stunden konfitieren. Dabei die Tomaten von Zeit zu Zeit mit dem Olivenöl begiessen. Die Tomaten herausnehmen und auf Haushaltspapier kurz abtropfen lassen. Mit etwas Fleur de sel und schwarzem Pfeffer bestreuen und mit dem gehobelten Sbrinz servieren. Frisch gezupfter Basilikum passt sehr gut dazu.

Lachs auf Spinatcurry mit Kokosschaum

Inspiriert von der modernen indischen A-la-minute-Küche, in der vermehrt Gerichte nicht mehr nur als Eintopf, sondern als einzelne Komponenten, jedoch mit den gleichen Geschmacksnoten serviert werden, kann das Curry auch für sich als vegetarisches Gericht dienen.

4 Lachsschnitzel mit Haut, à 130 g,
die Haut leicht eingeschnitten
Salz, Pfeffer aus der Mühle
2 EL Zitronen-Olivenöl

Spinatcurry:
1 frische Chili, ganz
1 TL Kardamomsamen
1 TL Fenchelsamen
1 TL Koriandersamen, ganz
1 TL Kümmel
2 EL Erdnussöl
½ Zwiebel, fein gehackt
1 EL Tomatenwürfel
200 g frischer Spinat, blanchiert
Zimtpulver
30 g Butter, kalt
Salz, Pfeffer aus der Mühle

Kokosschaum:
200 ml Kokosnussmilch
100 ml Vollrahm
Salz, Pfeffer aus der Mühle

Für das Curry die Gewürze bis und mit Kümmel im heissen Erdnussöl 10 Minuten rösten, damit sich ihr Geschmack voll entfalten kann.
Die Zwiebel und die Tomatenwürfel beigeben und andünsten, ohne Farbe annehmen zu lassen. (Dies ist der wichtigste Schritt beim Currykochen: Es muss einen schönen Ansatz mit einer Fülle an Gewürzaromen, jedoch ausgewogen im Geschmack geben.)
Das Zimtpulver und den Spinat beigeben und mitdünsten. Alles zusammen mixen und die Butter einschwingen. Zurück in die Pfanne geben und nochmals gut durchkochen. Warm stellen.

Für den Kokosschaum die Kokosnussmilch mit dem Rahm auf die Hälfte einkochen, abschmecken und warm halten. Vor dem Anrichten mit dem Stabmixer aufschäumen.

Den Lachs würzen, mit dem Zitronen-Olivenöl bestreichen und auf dem Grill oder in der Grillpfanne bei sanfter Hitze auf den Punkt garen. Der Lachs muss innen noch glasig sein.

Das Spinatcurry in die Mitte der Teller geben und den Lachs daraufsetzen. Mit dem Kokosschaum vollenden.

Tipp:
Dazu passt sehr gut ein kleiner Salat von Karotten, Frühlingszwiebeln und Peperoni, angemacht mit einem Zitronendressing.

Passionsfrucht-Consommé:
ca. 12 Passionsfrüchte (ergibt 200 ml Püree)
½ Mango (ergibt 60 ml Püree)
200 g Blütenhonig, flüssig
1 Passionsfrucht

Buttermilcheis:
30 ml Milch
50 ml Rahm
1 Päckchen Vanillezucker
60 g Zucker
1 Eigelb
90 g Joghurt nature
90 ml Buttermilch
1 EL Zitronensaft

Schokoladen-Knusperchips:
100 g Zartbitterschokolade, zerkleinert
1 Handvoll Haselnüsse, geröstet, grob gehackt

Tipp:
Zur Herstellung von Fruchtpürees verwendet man ausschliesslich schöne, reife Saisonfrüchte. Wenn dafür angeschlagene oder überreife Früchte verwendet werden, leidet das Resultat. Früchte mit von Natur aus weicherem Fruchtfleisch (etwa Mango, Papaya, Beeren) kann man direkt im Mixer pürieren und passieren. Festfleischigere Früchte, damit der Eigengeschmack möglichst erhalten bleibt, mit so wenig Flüssigkeit wie möglich aufkochen, durchmixen und durch ein feines Sieb streichen. Abkühlen lassen und gut verschlossen aufbewahren.

Passionsfrucht-Consommé
mit geeister Buttermilch und Schokoladen-Knusperchips

Vollfruchtig und leicht und dazu ein Hauch Zartbitterschokolade – lassen Sie sich von diesen Genüssen verwöhnen.

Die Passionsfrüchte halbieren, entkernen, das Fruchtfleisch auslösen und pürieren. Die Mango schälen, vom Stein schneiden und pürieren. Die beiden Fruchtpürees mit dem Blütenhonig mischen. Die letzte Passionsfrucht halbieren, die Kerne mit einem Löffel herauskratzen und zur Suppe geben. Kalt stellen.

Für die Glace Milch, Rahm, Vanillezucker, Zucker und Eigelb in einem Topf unter ständigem Rühren leicht erwärmen. Vom Herd ziehen und die restlichen Zutaten beigeben. Die Masse in der Eismaschine gefrieren lassen.

Für die Chips die Schokolade bei schwacher Hitze über einem Wasserbad langsam schmelzen (nicht über 30 Grad). Die geschmolzene Schokolade mit einem Pinsel in langen Streifen auf ein Backpapier streichen. Mit den Haselnüssen bestreuen und fest werden lassen.

Vom Buttermilcheis Kugeln abstechen und in tiefe Teller oder in hohe Gläser geben mit der Suppe umgiessen und ein Chip auf das Eis setzen. Sofort servieren.

Hummer-Spargel-Ragout mit grünem Pfeffer und Taro-Chips

Durch das kurze Ansautieren des marinierten Hummers kommt sein Eigengeschmack voll zur Geltung. Er wird ohne viel Sauce, nur mit der Marinade serviert. Dazu passt am besten ein gedämpfter Reis.

2 bretonische Hummer
2 Prisen Meersalz
½ Fenchelknolle, 1/2 Zwiebel, 2 Stangen Sellerie
3 EL Olivenöl
1 EL frischer grüner Pfeffer
120 g feine Spargeln, blanchiert
1 Prise Salz
Taro-Chips (siehe Grundrezepte)

Marinade:
1 EL frischer grüner Pfeffer
2 rote Chilischoten, entkernt, in Scheiben geschnitten
1 walnussgrosses Stück Ingwer, geschält, gehackt
2 EL Sojasauce
1 EL Sherryessig
1 Limette, Saft
4 EL flüssiger Honig
2 EL Sesamöl
4 Kaffirlimettenblätter

Alle Zutaten zur Marinade verrühren.

In einem grossen Topf Wasser mit dem Meersalz und dem Gemüse zum Kochen bringen. Den Hummer kopfvoran in das kochende Wasser geben, 3 Minuten kochen lassen, dann herausnehmen und in Eiswasser abschrecken. Die Scheren abdrehen, den Hummerschwanz auslösen. Das ausgelöste Hummerfleisch und die Karkassen kurz unter kaltem Wasser abspülen, auf einem Tuch abtropfen lassen. Die Hummerkarkassen können für einen Fond weiterverwendet werden.
Die Hummerschwänze halbieren, zusammen mit den Scheren in die Marinade geben und 1 Stunde marinieren.

Das Hummerfleisch aus der Marinade nehmen und in Olivenöl kurz anbraten. Die Hälfte des grünen Pfeffers mitbraten. Die restliche Marinade dazugeben und das Hummerfleisch damit ständig begiessen. Nach 3 Minuten den Spargel dazugeben und kurz mitdünsten. Abschmecken.

Den Spargel in grossen tiefen Tellern anrichten. Je eine Hummerschere sowie einen halben Hummerschwanz darauflegen und mit dem Fond leicht beträufeln. Mit Taro-Chips garnieren und sofort servieren.

Wolfsbarsch auf luftigem Wasabipüree, Karottencoulis und Shiitake

Der kräftige Geschmack des «Suzuki»-Wolfsbarschs aus Japan wird hervorragend unterstützt durch die natürliche Schärfe des Wasabipürees und die eher süssliche Note der Karotten.

640 g Wolfsbarschfilet, geschuppt und entgrätet
Meersalz
50 ml Olivenöl

Karottencoulis:
400 ml frisch gepresster Karottensaft
1 EL Gin
50 ml Kalbsjus
1 EL Shiitakepulver
40 g Butter, kalt
Salz

Wasabi-Kartoffelpüree:
250 g Kartoffeln, geschält
100 ml Rahm
8 g grünes Wasabipulver
1 Prise Salz, gemahlene Muskatnuss
50 g Butter, kalt

50 g getrocknete Shiitake, im Cutter fein gemahlen, durchgesiebt

Das Fischfilet in 4 gleich schwere Stücke schneiden. Den Fisch mit Meersalz würzen. Das Olivenöl in einer beschichteten Pfanne erhitzen, den Fisch auf der Hautseite knusprig braten, dann wenden und fertig braten, bis der Fisch gar ist. Warm stellen.

Für den Karottencoulis den Karottensaft langsam auf 200 ml einkochen. Gin und Kalbsjus dazugeben und 5 Minuten weiterkochen. Das Shiitakepulver einrühren und die kalte Butter in Würfeln einarbeiten, mit Salz abschmecken. Mit dem Stabmixer gut durchmixen.

Für das Kartoffelpüree die Kartoffeln kochen und pürieren. Den Rahm aufkochen und das Wasabipulver darin auflösen. Unter das noch heisse Kartoffelpüree mischen, mit Salz und Muskatnuss abschmecken. Mit der kalten Butter luftig aufschwingen.
Das Püree in der Mitte der vorgewärmten Teller anrichten, den Fisch anlegen und mit der Sauce umranden. Mit einem Hauch Shiitakepulver bestäuben.

Reis-Tiramisu mit grünem Tee

Beim Shopping in Tokio habe ich mit meiner Frau oft die japanische Küche genossen. Dabei ist uns ein Restaurant in der Nähe der Ginza aufgefallen, in dem nach dem Essen immer Tee mit einem Grüntee-Biscuit serviert wurde. Daraus ist die Idee zum Grüntee-Tiramisu entstanden.

Grüntee-Biskuit:
4 Eiweiss
3 EL Zucker
6 Eigelb
1 TL Grünteepulver (Asienladen)
50 g Mehl
40 g fein geriebene Mandeln

Reismasse:
120 ml Milch
3 EL japanischer Reis
1 Prise Vanillezucker
½ Zitrone, unbehandelt, abgeriebene Schale
1 Blatt Gelatine, eingeweicht
60 g Mascarpone
60 ml Rahm, geschlagen
1 Eiweiss

Orangensaft, mit Zitronenzesten gemischt
Grünteepulver, mit Puderzucker gemischt
120 g Kumquatkompott (siehe Grundrezepte)

Für das Biskuit die Eiweisse mit dem Zucker zu Schnee schlagen. Die Eigelbe mit dem Grünteepulver schlagen, bis die Masse hell wird. Beides mischen und zuletzt Mehl und Mandeln unterheben.
Den Teig auf zwei mit Backpapier belegten Blechen dünn ausstreichen. Im vorgeheizten Ofen bei 220 Grad 5 Minuten backen. Herausnehmen, jeweils auf ein mit Zucker bestreutes Tuch stürzen und das Papier ablösen.

Für die Reismasse die Milch aufkochen und darin den Reis mit dem Vanillezucker und den Zitronenzesten langsam weich kochen. Die ausgedrückte Gelatine beigeben und auskühlen lassen. Den Mascarpone und den geschlagenen Rahm unter die ausgekühlte Reismasse ziehen. Das Eiweiss mit etwas Zucker schaumig schlagen und unterheben.

In eine Gratinform lagenweise das passend zurechtgeschnittene Grüntee-Biskuit und die Reismasse einfüllen, dabei das Biskuit jeweils mit dem Orangensaft tränken. Zum Abschluss das Tiramisu mit dem gezuckerten Grünteepulver bestäuben.
Zum Servieren in Stücke schneiden, nach Belieben mit frittierten Glasnudeln garnieren und mit Kumquatkompott umgeben.

1 Mango, geschält, vom Stein geschnitten
7 Blatt Gelatine, eingeweicht
110 g Zucker
300 ml heisses Wasser

Kokosnusseis:
½ l Kokosnussmilch
250 g Zuckersirup (Zucker und Wasser
im Verhältnis 1:1)
50 ml Batida de Coco (Kokosnusslikör)

20 g Tapiokaperlen mit Pandanus-
Geschmack (im Asienladen erhältlich)
160 ml Kondensmilch (Dose)

Mangopudding mit geeister Kokosnuss

Die Einfachheit der Desserts aus dem Fernen Osten verblüfft immer wieder. Hier steht und fällt jedoch alles mit der perfekten Reife der Früchte, die nur dann ihr wunderbar vollmundiges Aroma entfalten.

Zwei Drittel des Mangofruchtfleischs pürieren, den Rest als Einlage in Würfelchen schneiden.
Die eingeweichte Gelatine mit dem Zucker und dem heissen Wasser verrühren. Zum Abkühlen Eiswürfel beigeben und die Mango (Püree und Würfel) daruntermischen. In 4 Förmchen füllen und fest werden lassen.

Für das Kokosnusseis alle Zutaten mixen und in der Eismaschine gefrieren lassen.

Die Topiokaperlen kurz in heissem Wasser überwallen, 5 Minuten stehen lassen, dann kalt abspülen und abtropfen lassen.

Den Mangopudding aus den Förmchen stürzen, das Kokoseis abstechen und darauf anrichten, mit Kondensmilch übergiessen und mit Tapiokaperlen garnieren. Sofort servieren.

Dressings, Emulsionen, Pasten

Balsamicokaramell

½ l Balsamicoessig
100 g Honig

Beides zusammen langsam auf 100 ml einreduzieren. Fest verschlossen aufbewahren.

Asiatischer Pesto

20 g Korianderblätter
10 g glattblättrige Petersilie
5 g Kerbel
40 g Haselnüsse
100 ml Olivenöl
1–2 EL Sesamöl
Salz

Alles zur einer homogenen Paste mixen. Zugedeckt kühl stellen.

Asiatische Cocktailsauce

100 g Mayonnaise
1 EL Chili-Tomaten-Ketchup (aus dem Asienladen)
1 Orangen, Saft, zu Sirup eingekocht
1 TL Kondensmilch
½ TL weisse Misopaste (aus dem Asienladen)
½ TL Mirin (süsser Reiswein, Koch-Sake)

Alles gut mischen und glatt rühren. Die Sauce ist gekühlt etwa 4 Tage haltbar.

Bitterorangensauce
Speziell zu Wild, Geflügel und Galantinen

200 g Kristallzucker
400 ml frischer Orangensaft
125 g Bitterorangenkonfiture
20 g eingelegte rosa Pfefferkörner
40 ml Whisky
1 Prise Cayennepfeffer

Den Zucker in einem Topf karamellisieren, mit dem Orangensaft ablöschen, die Bitterorangenkonfitüre einrühren und alle übrigen Zutaten beigeben. Zur gewünschten Konsistenz einkochen.

Champagner-Vinaigrette

140 ml Olivenöl
100 ml Walnussöl
100 ml Erdnussöl
½ kleine Schalotte, klein gewürfelt
½ Knoblauchzehe, fein gehackt
½ TL Dijonsenf
½ TL Honig
100 ml Champagneressig
Salz, weisser Pfeffer aus der Mühle

Die drei Öle mischen.
Schalotte, Knoblauch, Senf und Honig in eine Schüssel geben. Den Champagneressig dazugiessen und mit einem Schneebesen verrühren.
Unter ständigem Rühren das Öl langsam einrühren. Mit Salz und Pfeffer abschmecken.

Kräuterschaum

90 ml Milch
¼ Knoblauchzehe
1 Prise Salz
5 Umdrehungen Pfeffer
1 Blatt Gelatine, eingeweicht
1 Handvoll Rucolablätter
1 Handvoll frischer Spinat
je 1 Zweig Majoran, Thymian, Rosmarin, Oregano, Estragon (oder nur einzelne davon)
160 ml Vollrahm

Die Milch mit dem Knoblauch, der Geflügelpaste, Salz und Pfeffer aufkochen. Die ausgedrückte Gelatine darunterrühren und die Milch leicht auskühlen lassen.
Rucola, Spinat und Kräuter kurz in kochendem Wasser blanchieren und in Eiswasser abschrecken. Gut ausdrücken und zur Milch geben. Alles kräftig durchmixen und durch ein Sieb passieren.

Den Rahm daruntermischen und kalt rühren. In einen Rahmbläser füllen und kopfüber kalt stellen. Vor dem Anrichten eine Patrone einschrauben und gut durchschütteln.

Kräuteröl

500 ml Rapsöl oder Sonnenblumenöl
10 schwarze Pfefferkörner, leicht zerstossen
6 Zweige Zitronenthymian

Die Pfefferkörner zum Öl geben.
Die Kräuterzweige in fest verschliessbare Flaschen geben und mit dem Öl übergiessen.
Gut verschlossen im Keller oder Kühlschrank 2–3 Wochen ruhen lassen.

Tipp:
Kräuteröl lässt sich mit fast allen Kräutern herstellen. Entscheidend ist die Qualität des Öls.

Miso-Sabayon
Zu rohem Fisch und zu Schalentieren jeder Art

3 Eigelb
1 Msp. Wasabipulver
1 EL Reisessig
1 EL Weisswein
100 ml Wasser
1 TL Hondashi (japanisches Fischbouillonpulver)
1 TL Misopaste
1 EL gehackter Koriander
wenig Zitronensaft

Alles zusammen über dem Wasserbad aufschlagen, bis die Sabayon als cremig-dickes Band vom Schneebesen fällt.

Tipp:
Wasabipulver, Reisessig, Hondashi und Misopaste sind im Asienladen erhältlich.

Safran-Aïoli-Sauce

3 Knoblauchzehen, gepresst
1 Eigelb
1 Msp. Safranpulver
Salz, weisser Pfeffer aus der Mühle
200 ml Olivenöl extra vergine
etwas Zitronensaft

Den Knoblauch mit dem Eigelb und
dem Safranpulver vermischen. Salz und
Pfeffer beigeben und unter ständigem
Rühren mit dem Schwingbesen das
Olivenöl einlaufen lassen. Zuletzt mit
Zitronensaft abschmecken.

Tipp:
Für eine leichtere Version kann man
das Olivenöl durch sauren Halbrahm
ersetzen.

Tobicocreme

2 Blutorangen, Saft
60 ml Sauerrahm
1 TL frischer grüner Pfeffer, zerdrückt
10 g Tobico-Kaviar (siehe Hinweis Seite 106)
Salz, Pfeffer aus der Mühle
Limettensaft

Den Blutorangensaft bei sanfter Hitze
langsam auf 40 ml einkochen.
Mit allen weiteren Zutaten verrühren
und mit Salz, Pfeffer und Limettensaft
abschmecken.

Wakame-Sauce

Diese Sauce ist in Japan eine Grundzu-
tat wie bei uns Mayonnaise und wird zu
vielen Gerichten gereicht.

20 g Zucker
1 EL Mirin (süsser Reiswein, Koch-Sake)
1 EL weisse Misopaste
1 EL getrocknete Wakame-Algen,
eingeweicht

Den Zucker mit dem Mirin verrühren
und auflösen. Die Misopaste und die
eingeweichten Wakame beigeben.
(Das Einweichwasser zurückbehalten

und falls nötig zum Glattrühren
verwenden.)
Alles im Mixer zu einer sämigen Sauce
mixen. Falls nötig mit etwas vom Einweichwasser verdünnen (zu Fisch kann
man zu diesem Zweck auch etwas
Fischfond beigeben).

Ponzu-Vinaigrette

75 ml Sake
75 ml Hon Mirin (stark gesüsster Reiswein)
50 ml japanische Sojasauce
150 ml Yuzusaft (Saft einer sauren japani-
schen Zitronensorte, aus dem Asienladen)
oder Zitronensaft
3 EL Sesamöl
Salz, Pfeffer aus der Mühle

Alle Zutaten gut verrühren. Mit Salz
und Pfeffer abschmecken.

Quittensirup

4 kg Quitten
1½ l Wasser
400 g Zucker

Die Quitten waschen und die pelzige
Schicht abreiben. Die Früchte schälen
und in Achtel schneiden, Blütenansatz,
Kernhaus und Stiel entfernen.
Die Früchte mit dem kalten Wasser und
dem Zucker aufsetzen und bei mässiger
Hitze langsam zum Kochen bringen.
Etwa 50 Minuten ziehen, aber nicht
kochen lassen.
Die Quitten samt Kochsud durch ein
abgebrühtes Gazetuch seihen. Den Saft
auffangen, in einem Topf wieder auf
den Herd stellen und bis kurz vor den
Siedepunkt erhitzen.
Den Sirup in vorgewärmte Flaschen ab-
füllen und sofort gut verschliessen.

Fonds und Jus

Heller Geflügelfond
Ergibt 1 Liter

2 kg Geflügelknochen, grob gehackt
200 ml Weisswein
3 weisse Champignons
7 Schalotten
1 Karotte, geschält
½ Stange Lauch, geputzt
2 Zweige glatte Petersilie
2 Zweige Estragon
1 Gewürznelke
½ Lorbeerblatt
3 Prisen Fleur de sel

Die Geflügelknochen in einen Topf
geben, mit kaltem Wasser und dem
Weisswein bedecken, aufkochen
und abschäumen.
Das Gemüse in haselnussgrosse Stücke
schneiden und zusammen mit den
Kräutern und Gewürzen in den Topf
zugeben. Alles bei mittlerer Hitze
1½ Stunden köcheln lassen, eventuell
nochmals abschäumen.
Den Geflügelfond durch ein Passiertuch
abseihen und kalt stellen. Wenn der Geflügelfond kalt ist, kann man die Fett-
schicht abheben.

Kalbsjus, Lammjus

Ergibt 2 Liter

1½ kg klein geschnittene Kalbsknochen
vom Metzger
½ Kalbsfuss und Kalbsparüren
100 ml Erdnussöl
100 g Knollensellerie
3 Karotten
150 g Schalotten
2 EL Tomatenmark
2 Knoblauchzehen
100 ml Madeira
300 ml Rotwein
3 l Wasser
je 1 Zweig Rosmarin und Thymian
1 Lorbeerblatt
2 Nelken
1 EL Pfefferkörner, grob zerstossen

Das Öl in einem grossen Bräter erhitzen, Kalbsknochen, Parüren und den Kalbsfuss hineingeben und im Ofen bei 180 Grad anrösten. Sellerie, Karotten und Schalotten grob würfeln, dazugeben und anbräunen. Anschliessend das Fett abgiessen, das Tomatenmark beifügen und kurz andünsten. Mit dem Madeira und dem Rotwein ablöschen und die Flüssigkeit fast ganz einkochen lassen. Mit dem Wasser aufgiessen, zum Kochen bringen und abschäumen. Die Kräuter und Gewürze hinzufügen und alles bei milder Hitze 2 Stunden sieden lassen. Dabei immer wieder abschäumen und entfetten. Zum Schluss den Jus durch ein Passiertuch abseihen.

Tipp:
Nach dem gleichen Rezept kann man mit Lammknochen einen Lammjus herstellen.

Glace de viande

1 l Kalbsjus

Den Kalbsjus bei kleiner Hitze auf 200 ml zu sirupähnlicher Konsistenz einkochen (die Glace darf nicht bitter sein).

Hummerfond
Ergibt 1 Liter

500 g Hummerkarkassen, im Mörser zerstossen
3 EL geklärte Butter
100 g gerüstetes Gemüse (Karotte, Lauch, Stangensellerie, Fenchel, Schalotte), in haselnussgrosse Würfel geschnitten
1 Knoblauchzehe
1 Stengel Zitronengras, zerquetscht
2 Fleischtomaten, geviertelt
2 EL Tomatenmark
4 cl Cognac
100 ml Weisswein
100 ml Noilly Prat (trockener Wermut)
1½ l Wasser
4 weisse Pfefferkörner
1 Pimentkorn, ganz

1 TL Koriandersamen
1 Lorbeerblatt
3 Prisen Meersalz
1 Zweig Zitronenthymian
1 Zweig Estragon
1 Zweig Dill
1 Zweig Kerbel

Die Hummerkarkassen in einem Topf in der erhitzten Butter 15 Minuten anrösten.
Das Gemüse mit dem Knoblauch zu den Karkassen geben und nochmals 10 Minuten weiterrösten. Das Zitronengras und die Tomaten beigeben und kurz mitrösten, das Tomatenmark dazugeben und nochmals 5 Minuten rösten. Mit Cognac, Weisswein und Noilly Prat ablöschen und flambieren. Sobald die Flamme erloschen ist, mit dem Wasser auffüllen. Pfefferkörner, Piment, Koriandersamen und Lorbeerblatt dazugeben und alles zum Kochen bringen. Mit Meersalz würzen. Wenn der Fond aufgekocht hat, abschäumen und etwa 30 Minuten köcheln lassen, dabei immer wieder abschäumen. Die Kräuter zum Fond geben und weitere 10 Minuten ziehen lassen. Den Hummerfond durch ein Passiertuch abseihen.

Muschelfond

½ Schalotte, fein geschnitten
100 ml Olivenöl
200 g Muscheln
200 ml Weisswein
100 ml Gemüsebrühe
1 Salz, Pfeffer aus der Mühle

Die Schalotte im Olivenöl dämpfen. Die Muscheln dazugeben. Mit dem Weisswein und der Gemüsebrühe ablöschen und 15 Minuten köcheln lassen. Durch ein Sieb passieren.

Farcen und Terrinen

Entenfarce

250 g Kalbsschulter, klein gewürfelt
250 g Entenfleisch (Filet) ohne Sehnen, klein gewürfelt
250 g Geflügelleber
1 Schalotte, fein geschnitten
15 g Nitrit-Pökelsalz
50 ml Cognac
500 ml Madeira
Pfeffer aus der Mühle

20 g getrocknete Herbsttrompeten oder andere Pilze, eingeweicht

Alle Zutaten mischen und kalt gestellt 1 Tag marinieren.
Im Cutter kurz zu einer feinen Masse mixen.
Die Herbsttrompeten waschen, bis das Wasser klar ist, fein hacken und als Einlage unterheben.

Gänseleberterrine

1 kg Gänseleber, von Sehnen und Adern befreit
2 TL Salz
1 TL Zucker
5 g Nitrit-Pökelsalz
1 TL gemahlener weisser Pfeffer
40 ml roter Portwein
40 ml Cognac
20 ml Sauternes

Die Gänseleber durch ein Passiersieb streichen. Mit den übrigen Zutaten mischen, in ein Sterilisierglas geben und über Nacht kühl stellen.
Die Mischung im Sterilisierglas im Wasserbad (bei 49 Grad) 25 Minuten pochieren. Das ausgetretene Fett abgiessen, mit dem Stabmixer aufmixen und wieder ins Glas zurückgeben.
Das Glas wieder verschliessen und 3 weitere Tage kühl stellen.

Tipp:
Nach dem gleichen Rezept kann man mit Entenleber eine Entenleberterrine herstellen.

Kartoffeln und Gemüse

Tomatenconcassé

4 Fleischtomaten, gehäutet und entkernt
1 EL gehackte Schalotten
1 EL Olivenöl
Salz, Pfeffer aus der Mühle

Die Tomaten würfeln und mit den
Schalotten im Olivenöl andünsten.
Wichtig ist, dass man die Tomatenwürfel nur kurz anziehen lässt, damit sie
nicht verkochen. Mit Salz und Pfeffer
würzen. Je nach weiterer Verwendung
kann man Basilikum oder Schnittlauch beigeben.

Konfitierte Tomaten

4 Tomaten, gehäutet, geviertelt und
entkernt
2 Knoblauchzehen, gepresst
Thymian, abgezupfte Blättchen
2 EL Olivenöl
Salz, Pfeffer aus der Mühle, Zucker

Die Tomatenschnitze auf ein mit
Backpapier belegtes Blech geben. Mit
dem Knoblauch sowie Salz, Zucker,
Pfeffer und den Kräutern bestreuen.
Mit dem Olivenöl beträufeln.
Im 60 Grad heissen Backofen 3 Stunden
trocknen lassen.

Kartoffelpüree

1 kg mehlig kochende Kartoffeln (Bintje)
250 ml Vollmilch, heiss
100 ml Vollrahm
40 g Butter
1 Prise Salz, weisser Pfeffer aus der Mühle,
Muskatnuss

Die Kartoffeln in leicht gesalzenem
Wasser 20–30 Minuten weich kochen.
Abschütten und etwas auskühlen las-
sen. Noch warm schälen und pürieren.
Mit der heissen Milch und dem
Rahm mischen und die Butter darunter-
schlagen. Abschmecken.

Relishes und Eingemachtes

(Siehe auch die Rezepte Seite 70)

Tomaten-Chutney

1 kg Tomaten, gehäutet, geviertelt, entkernt
2 TL geriebener Ingwer
100 g brauner Zucker
5 Knoblauchzehen, geschält, gepresst
150 ml Apfelessig
1 Prise gemahlener Kümmel
5 Tropfen Tabasco
Salz nach Geschmack

1 EL Kartoffelstärke
8 Basilikumblätter, fein geschnitten

Alle Zutaten bis auf die Kartoffelstärke
und den Basilikum zusammen aufkochen und 45 Minuten auf kleinem Feuer
einkochen. Von Zeit zu Zeit umrühren.
Mit der Kartoffelstärke binden. Mit dem
Basilikum und Salz nach Geschmack
abschmecken.

Peperoni-Relish

1 säuerlicher Apfel (Granny Smith)
¼ rote Peperoni (Paprika) (40 g), entkernt
½ Zwiebel (40 g), fein gehackt
1 Knoblauchzehe, fein gehackt
160 g rote Chili
1 gestrichener TL Salz
70 g Zucker
100 ml weisser Malzessig

Den Apfel schälen, das Kerngehäuse
ausstechen. Apfel und Peperoni in
kleine Würfel schneiden.
Alle Zutaten zusammen anziehen und
30 Minuten köcheln lassen. Über Nacht
abkühlen lassen.

Mango-Chili-Marmelade

200 g Mango, geschält, vom Stein geschnitten, in 1 cm grosse Würfel geschnitten
1 daumendickes Stück Ingwer (10 g),
geschält, klein gewürfelt
100 g Gelierzucker (1:2)
2 Sternanis
1 Msp. getrocknete Chilifäden

Alle Zutaten in einen Topf geben, aufkochen und unter ständigem Rühren
mit einem Holzlöffel 15 Minuten
kochen. Abkühlen lassen.

Eingelegte Limetten

Unbehandelte Limetten oder Zitronen
Meersalz
Olivenöl

Die Limetten rundherum einschneiden,
ohne dass sie auseinanderfallen.
In die Spalten Meersalz einreiben.
2 Wochen an einem kühlen Ort stehen
lassen, dabei öfter wenden.
Die Hälfte der ausgetretenen Flüssigkeit weggiessen. Die Limetten in
Einmachgläser schichten, mit Olivenöl
aufgiessen und etwa 1 Monat durchziehen lassen.

Kumquatkompott

20 Kumquats, halbiert und entkernt
100 ml Weisswein
100 ml Orangensaft
80 g Honig
½ Stengel Zitronengras

Alles zusammen 30 Minuten leicht
köcheln und anschliessend im Sud erkalten lassen.

Tipp:
Passt gut zu kaltem Fleisch; dann
nach Belieben noch frisch geriebenen
Meerrettich und Ingwer dazugeben.

Papaya-Relish

1 Papaya, geschält, entkernt (ca. 300 g)
1 EL Erdnussöl
½ Knoblauchzehe
½ TL gehackter frischer Ingwer
50 g Zucker
50 ml Kräuteressig
2 EL Weisswein
1 Messerspitze Nelkenpulver
1 Messerspitze Zimtpulver

Die Papaya in kleine Würfel schneiden.
Das Öl erhitzen, Knoblauch und Ingwer
darin kurz anziehen. Papaya, Zucker
und die restlichen Würzzutaten dazugeben und alles 5 Minuten einkochen.
Gut verschlossen dunkel und kühl aufbewahren.

Pochierte Weissweinbirnen

200 ml Weisswein
200 ml Wasser
4–5 EL Zucker
½ Zitrone, Saft
¼ Vanilleschote
4–5 Birnen

Alle Zutaten bis auf die Birnen zusammen aufkochen.
Die Birnen schälen, halbieren und entkernen. In den Kochsud geben und
mit einem Haushaltspapier bedecken.
Einmal aufkochen, vom Feuer nehmen
und weich ziehen lassen.

Portwein- oder Rötelibirnen

200 ml Wasser
200 ml roter Portwein oder Rötelilikör
4 EL Zucker
1 Limette, Saft
1/4 Zimtstange
1 Sternanis
1 Orange, abgeriebene Schale
4–5 Birnen

Zubereitung wie oben.

Schwarze Nüsse

1 kg Baumnüsse, grün geerntet (im Juni)
1 kg Zucker
400 ml Apfelessig
150 ml Wasser
5 Nelken
6 Zimtstangen
2 Sternanis
3 Lorbeerblätter
1 Vanilleschote
6 unbehandelte Orangen, abgeriebene
Schale
6 unbehandelte Zitronen, abgeriebene
Schale

Die Baumnüsse 10 bis 12 Mal mit einer
Gabel einstechen. Die Nüsse in kaltes
Wasser legen und 14 Tage wässern,
dabei das Wasser täglich wechseln.
Den Zucker leicht karamellisieren, mit
Essig und Wasser ablöschen. Kochen,
bis sich der Zucker aufgelöst hat. Die
übrigen Zutaten beigeben. Die Nüsse
in ein Gefäss geben und mit dem
heissen Essigsud übergiessen. Mit
einem Teller beschwert 2 Tage ziehen
lassen. Den Sud abgiessen, aufkochen,
die Nüsse beigeben und unter leichtem
Köcheln 45 Minuten ziehen lassen.
Die Nüsse in Gläser abfüllen. Den Sud
auf die Hälfte einkochen und heiss über
die Nüsse verteilen. Die Gläser gut verschliessen und 30 Minuten bei 95 Grad
sterilisieren. Vor Gebrauch 5–6 Monate
kühl lagern.

Süsssaure Kirschen

300 ml Rotweinessig
450 g Rohrzucker
½ Zimtstange
3 Nelken
1 daumendickes Stück Ingwer, in Scheiben
geschnitten
900 g Kirschen

Den Rotweinessig mit dem Zucker, Zimt,
Nelken und Ingwer aufkochen.
Die Kirschen beigeben und nochmals
aufkochen. Heiss in Gläser abfüllen und
mit dem Fond aufgiessen. Gut
verschliessen und bei 95 Grad sterilisieren.

Teige und Backwaren

Nudelteig

2 Eier
1 Prise Salz
1 EL Olivenöl
170 g Weissmehl (Type 405)

Eier, Salz und Olivenöl mit dem Stabmixer mixen. Das Mehl dazugeben
und zu einem geschmeidigen Teig verkneten. Den Teig in Klarsichtfolie
gewickelt vor der Verarbeitung 1 Stunde
ruhen lassen.

Focaccia

500 g Weissmehl
15 g frische Hefe
300 ml Wasser
20 ml Olivenöl
10 g Salz

Die Hefe im lauwarmen Wasser auflösen, mit Mehl, Öl und Salz mischen.
5 Minuten bei mittlerer Geschwindigkeit
und 2 Minuten bei hoher Geschwindigkeit zu einem Teig arbeiten (der Teig
sollte eine Temperatur von 27 Grad
haben). Den Teig zugedeckt 45–50 Minuten aufgehen lassen.
Zu einem flachen Teigfladen ausrollen
und bei 220 Grad mit etwas Dampf
23–30 Minuten backen.

Varianten:
Für Tomaten-Focaccia 30 g Tomaten-
püree und 30 g gehackte getrocknete
Tomaten unter den Teig mischen.
Für Oliven-Focaccia 50 g gehackte
schwarze Oliven beifügen.

Baumkuchen

90 g Marzipan, klein gewürfelt
160 g Butter, weich
70 g Zucker
½ Vanilleschote, ausgekratztes Mark
1 Prise Salz
4 Eigelb
60 g Mehl
50 g Maisstärke (Maizena)
4 Eiweiss
70 g Zucker

Den Marzipan mit der Butter und dem Zucker glatt und schaumig schlagen (am besten mit den Rührbesen in der Küchenmaschine), bis keine Stücke mehr zu sehen sind. Vanillemark und Salz sowie nach und nach unter ständigem Rühren die Eigelbe dazugeben. Das Mehl und die Maisstärke unter die Masse heben.
Die Eiweisse steif schlagen, nach und nach den Zucker dazugeben, bis ein fester Eischnee entstanden ist. Diesen unter die Masse heben.
Den Backofen auf Grillstufe vorheizen. Einen Backpapierstreifen von 20 x 7 cm auf ein Blech legen, mit Butter bestreichen und die Masse 2 mm dick darauf ausstreichen. Auf der mittleren Schiene im Ofen goldgelb backen. Herausnehmen und wiederum eine dünne Schicht Teig auf den gebackenen Teig streichen und erneut goldgelb backen. Den Vorgang wiederholen, bis der Teig aufgebraucht ist.
Zuletzt den ganzen Baumkuchen nochmals bei 160 Grad 15 Minuten backen. Den Baumkuchen noch warm in Klarsichtfolie einwickeln und abkühlen lassen. Er lässt sich auch sehr gut einfrieren und lässt sich gefroren auch besser schneiden.

Brioche

100 ml Milch
20 g Zucker
40 g Hefe
15 g Salz
250 g Butter
600 g Mehl
3 Eier

Die Milch handwarm erwärmen. Zucker, Hefe und Salz darin auflösen. Die Butter schmelzen (sie soll aber nicht zu heiss werden).
Das Mehl in die Rührschüssel der Küchenmaschine geben. Mit den Knethaken zuerst die Milchmischung einrühren, dann die Eier dazugeben und etwa 1 Minute weiterkneten und schliesslich die flüssige Butter langsam dazugeben und alles zu einem glatten, geschmeidigen Teig kneten. Den Teig in eine bemehlte Schüssel geben, mit Mehl bestäuben und ein Tuch darüberlegen. An einem warmen Ort auf das doppelte Volumen gehen lassen.
Den Teig aus der Schüssel nehmen, die Luft herausschlagen, den Teig zuerst rund, dann in eine längliche Brotform bringen. In eine ausgebutterte, bemehlte Backform geben. Nochmals 20 Minuten gehen lassen. Die Oberfläche mit Wasser bepinseln und im vorgeheizten Backofen bei 180 Grad 40 Minuten backen.
Heiss aus der Form stürzen. Noch warm in Klarsichtfolie eingewickelt hält sich die Brioche länger frisch.

Chips und Tuiles, Garnituren

Brasserie-Knusperchips

Teig:
250 g Mehl
1 TL Salz
1 TL Zucker
1 Ei
2 EL Olivenöl
100 ml Wasser

Sesam, Kräuter und/oder Sbrinz als Belag

Alle Zutaten miteinander vermengen und etwas ruhen lassen.
Den Teig dünn auswallen. Mit Sesam, Kräutern und/oder Sbrinz bestreuen und bei 180 Grad im vorgeheizten Ofen etwa 10 Minuten backen. In beliebig grosse Stücke brechen.

Taro-, Kartoffel-, Süsskartoffel-Chips

Da der Saft der Tarowurzel die Haut reizen kann, mit Handschuhen arbeiten. Tarowurzel, Kartoffel oder Süsskartoffel waschen und schälen. In sehr dünne (ca. 1 mm dicke) Scheiben schneiden, diese kurz wässern und auf einem Tuch mit Haushaltspapier trockentupfen. Die Scheiben in der Fritteuse bei 160 Grad unter häufigem Wenden knusprig und goldgelb frittieren. Herausnehmen und auf Haushaltspapier entfetten. Leicht salzen.

Parmesan-Chips

Frisch geriebenen Parmesan auf einem mit Backpapier belegten Blech ausstreuen. Im Ofen bei 180 Grad 3–4 Minuten goldgelb backen. Aus dem Ofen nehmen und erkalten lassen. Nach Belieben in Stücke brechen.

Tipp:
Der geriebene Parmesan kann auch
bereits schön rund geformt aufs
Blech gestreut und gebacken werden.

Nori-Tuiles

60 g Butter
1 Eiweiss
30 ml Gemüsefond
1 Prise Salz
60 g Mehl
**⅕ Noriblatt (getrocknete Alge), in feine
Streifen (Julienne) geschnitten**

gehobelte Mandeln als Garnitur

Alle Zutaten zu einem Teig rühren.
Den Teig mit Hilfe einer rechteckigen
Schablone dünn auf ein Backblech
auftragen. Mit den Mandeln belegen
und im vorgeheizten Backofen bei
180 Grad 4 Minuten goldgelb backen.

Birnen-Chips

Birnen
½ Zitrone, Saft
50 ml Zuckersirup (siehe Tipp Seite 42)

Die Birnen der Länge nach in Scheiben
schneiden, mit Zitronensaft und
Zuckersirup bestreichen. Auf Backpapier
im Ofen bei 40 Grad etwa 2 Stunden
trocknen lassen, bis sie knusprig sind.
Dabei eventuell nochmals bestreichen.

Schoko-Chips

150 g Zucker
100 ml Wasser
60 g Glukose
50 g Vanille-Kuvertüre

Zucker, Wasser und Glukose mischen
und auf 142 Grad (Zuckerthermometer)
erhitzen. Sofort die Kuvertüre beigeben
und gut umrühren.
Die Masse so dünn wie möglich ausrollen. Erkalten lassen und in beliebig
grosse Stücke brechen.

Tipp:
Wichtig ist, so schnell wie möglich
zu arbeiten, da die Masse sehr schnell
abkühlt und dann nicht mehr aus-
gewallt werden kann!

Zuckerheu

280 g Zucker
100 ml Wasser
60 g Glukose

Alles zusammen kochen, bis die
Zuckermasse eine goldgelbe Farbe hat.
Vom Herd ziehen und 1–2 Minuten
stehen lassen.
Zwei Holzkochlöffel so fixieren, dass
sie in etwa 30 cm Abstand über
die Tischkante vorstehen. Jeweils eine
Portion Zuckermasse mit einem
Schwingbesen aufnehmen und sehr
schnell zwischen den Holzkochlöffeln
hin und her schwingen.
Das «Heu» abnehmen und gut verschlossen aufbewahren.

Dank

... dem eigentlichen Star des Buches, dem «Victoria-Jungfrau Grand Hotel & Spa» und dem Direktions-Ehepaar Rosmarie und Emanuel Berger, die mir die Plattform und den Freiraum geboten haben, meine kulinarischen «Emotionen» zu leben und nach meinem Gusto zu präsentieren.

... den Chefs de Cuisine Mike Wehr e, Ramon Künzler, Roger Marti, Kurt Moser und Patricia Zimmermann, welche die Rezepte vorbereitet haben und mit Kritik und Anregungen nie geizten. Damit haben sie die richtigen «Zutaten» für eine erfolgreiche Teamarbeit eingebracht und zum richtigen «Rezept» beigetragen, um dieses Buch zu dem zu machen, was es ist.

... den «Regisseurinnen» im Hintergrund: Valérie Burnier und Daniela Meyer für die Betreuung und Koordination des Projektes. Durch sie wurden die Texte und Rezepturen leserlich und nachvollziehbar.

... dem Fotografen Mike Wissing, der mit seiner Erfahrung und seinem Können auch das Unmögliche möglich machte und die Emotionen aus den Küchen des «Victoria-Jungfrau» im Bild verewigt hat.

... und nicht zuletzt meiner Familie, die mir genügend unserer gemeinsamen Freizeit für dieses Projekt überlassen hat.

Rezeptverzeichnis